LES

ANOBLIS DE BOURGOGNE

LES

ANOBLIS DE BOURGOGNE

LISTE PAR ORDRE CHRONOLOGIQUE

DES LETTRES D'ANOBLISSEMENT, DE CONFIRMATION ET DE RELIEF DE NOBLESSE ENREGISTRÉES AU PARLEMENT ET A LA CHAMBRE DES COMPTES DE DIJON

(1368 - 1782)

Par Jules d'ARBAUMONT

(Extrait de la REVUE NOBILIAIRE, 1866)

PARIS

LIBRAIRIE HÉRALDIQUE DE J. B. DUMOULIN, LIBRAIRE DE LA SOCIÉTÉ DES ANTIQUAIRES DE FRANCE

13 — Quai des Grands-Augustins, — 13

1867

LES

ANOBLIS DE BOURGOGNE

La noblesse s'acquérait, dans l'ancienne France, par la possession des fiefs, par la profession des armes, par l'exercice, dans les conditions voulues, d'une charge noble et enfin par l'obtention de lettres de noblesse.

De ces quatre modes d'anoblissement, les deux derniers subsistèrent seuls jusqu'à la Révolution. Les deux autres avaient disparu dès le xvie siècle.

Faute de documents assez précis et assez anciens pour en bien déterminer les origines, la noblesse inféodée et la noblesse acquise par les armes se confondent le plus souvent avec la noblesse de race proprement dite, dont le principe est inconnu et que l'on voit sortir tout armée, le heaume au front et l'écu au bras, des ténèbres du moyen âge. En fait, ces trois sortes de noblesse n'ont été distinguées ni par les intendants des provinces, lors des recherches entreprises sous Louis XIV, ni par les généalogistes officiels, chargés à divers titres des vérifications de noblesse pendant les deux derniers siècles. Pour eux, toute noblesse ne provenant pas de charges ou de lettres était noblesse de race. Une recherche plus exacte des origines eût été difficile; on la laissait à la pure érudition historique.

D'autre part on peut avancer hardiment que les charges ont fait entrer dans le corps de la noblesse le plus grand nombre des familles qui le composaient au moment de la Révolution. A Dijon seulement vingt-cinq charges de chancellerie et soixante-quinze charges de cours souveraines anoblissaient les familles de la plupart des officiers qui en étaient revêtus, après vingt ou quarante ans d'exercice. Que l'on fasse pour chaque province un semblable calcul, et l'on comprendra la réflexion de Chérin qui s'écriait, en 1788, que « de la multitude de personnes composant l'ordre des privilégiés, à peine un vingtième pouvait-il prétendre véritablement à la noblesse immémoriale et d'ancienne race [1]. » Le simple relevé des familles ainsi anoblies en Bourgogne remplirait un volume.

[1] Chérin, *Abrégé chronologique d'édits concernant la noblesse.* Discours préliminaire, p. 55.

Notre dessein n'est pas si vaste. Nous ne nous occuperons ici ni des familles qui tirent leur noblesse des fiefs ou de la profession des armes ni des anoblis par charges. Nous nous proposons simplement de faire connaître les noms, et autant que possible les armes des familles *directement* anoblies par lettres du souverain et dont les patentes d'anoblissement ont été visées, expédiées et enregistrées au parlement et à la chambre des comptes de Dijon. Nous joindrons à cette liste, par une suite nécessaire, les noms des familles que la perte de leurs titres, l'incertitude de leur état nobiliaire ou quelques actes de dérogeance ont forcées de demander le secours de lettres de maintenue, de confirmation ou de relief.

Mais auparavant, qu'on nous permette quelques considérations générales sur les anoblissements en Bourgogne.

Dès le XIIIe siècle la maxime : *ad regem solum pertinet nobilitare in toto suo regno*, servait de règle aux arrêts du parlement [1], mais on sait que malgré les efforts de la royauté pour la faire prévaloir, les grands vassaux et, dans les temps plus modernes, la plupart des princes apanagés ont toujours prétendu exercer, concurremment avec elle, le droit d'anoblissement comme un attribut essentiel de cette fraction de souveraineté dont la faiblesse de nos rois les avait investis.

Les ducs de Bourgogne de la deuxième race ont largement usé de ce droit qui ne paraît pas leur avoir jamais été contesté. Ils délivraient de leur propre autorité et sans qu'elles eussent besoin de confirmation, des lettres de noblesse auxquelles le roi n'avait rien à voir. « *Nobilitavimus*, lit-on dans la plupart de ces lettres, *et nobiles efficimus per presentes de speciali gratia et certa scientia et de plenitudine nostre potestatis*..... » Les droitures, franchises, libertés, prérogatives et priviléges des nobles et conséquemment des anoblis furent expressément confirmés par le traité passé le 29 janvier 1476 entre les États du pays et les commissaires de Louis XI, après la réunion du duché à la couronne. Il n'entra nullement dans la pensée du monarque de contester la validité des chartes d'anoblissement délivrées par les princes dont il recueillait en partie l'héritage.

Notre recueil s'ouvre par des lettres de noblesse accordées en juil-

[1] La Roque, *Traité de la noblesse*, chap. XXVIII. Il cite un arrêt de 1281 portant défense au comte de Flandre d'anoblir.

let 1363, à un bourgeois de Dijon par le roi Jean le Bon, comme possesseur du duché de Bourgogne momentanément réuni à la couronne après la mort de Philippe de Rouvre, dernier duc de la première race. Indépendamment de ces lettres du roi Jean le Bon, on trouvera dans la période ducale quelques lettres données par les rois de France à des sujets de nos ducs. Ces lettres émanées de l'initiative du souverain, étaient de plein droit exécutoires dans les états de Bourgogne, et l'on ne doit considérer que comme une simple légalisation le *visa* que la chambre des comptes y apposait ordinairement.

Les premières lettres de noblesse émanées de nos ducs sont datées du mois de juin 1371. Ce n'est pas à dire que les ducs de la première race n'aient pas exercé le droit d'anoblissement. A la vérité, il dut en être en Bourgogne de même qu'en France où les anoblissements ne commencèrent à se multiplier que sous le règne de Charles V. Mais de ce qu'on ne trouve pas trace de lettres de noblesse accordées par nos anciens ducs, on ne saurait en conclure qu'ils se soient abstenus d'en délivrer. Le temps a pu les faire disparaître d'autant plus facilement qu'on s'en remettait alors uniquement aux familles du soin de les conserver; c'est en 1368 seulement que Charles V ordonna que les lettres d'anoblissement seraient *passées* à la chambre des comptes de Paris [1]. On ne s'étonnera pas qu'en Bourgogne les chances de perte aient duré plus longtemps, si l'on considère que la chambre des comptes de Dijon qui avait seule qualité pour viser ces lettres et en conserver copie dans ses archives, n'a pris un commencement d'organisation régulière que dans la seconde moitié du XIVe siècle, et qu'elle dut attendre jusqu'en 1386 l'acte de Philippe le Hardi qui la régla à l'instar de celle de Paris.

Le nombre des lettres de noblesse conférées par les ducs de Bourgogne est considérable. C'était quelquefois parmi leurs officiers commensaux, qu'ils choisissaient les serviteurs fidèles jugés dignes d'être élevés au rang des gentilshommes. Mais le plus souvent leur faveur faisait sortir de la roture leurs conseillers, les maîtres des requêtes de leur hôtel, des juges d'appeaulx, des conseillers aux parlements de Beaune et de S. Laurent, des maîtres des comptes, des trésoriers, des receveurs généraux, etc., tous gens de loi ou de finance, fiers d'ajouter à leur nom plébéien la qualification si en-

[1] Chérin, p. 19.

viée d'écuyer, tandis qu'ils achetaient à beaux deniers comptants les fiefs et les hôtels des vieilles familles féodales éteintes ou ruinées.

Les lettres de noblesse accordées par les ducs de Bourgogne différaient peu dans la forme de celles qui émanaient de la chancellerie du royaume. Les formules y sont à peu de chose près les mêmes. Le plus souvent on y fait mention de la naissance honorable de l'anobli et des services qu'il a rendus au duc ou aux Etats de la province. On comprend expressément dans l'anoblissement la femme de l'anobli, désignée par son nom de baptême, et sa postérité née et à naître, mâle et femelle. Enfin notons encore comme formule invariablement employée, l'autorisation donnée au nouvel anobli de posséder des fiefs et arrière-fiefs, de jouir de tous les priviléges des nobles et gentilshommes, et de pouvoir comme ceux-ci être élevé à la dignité de chevalier : *ut quotiens sibi placuerit valeat cingulo militie decorari.*

Les lettres de noblesse, une fois rédigées dans la forme requise, scellées du grand sceau ducal, et signées de l'un des secrétaires du duc, tout était-il fini ? Nullement. Elles devaient encore recevoir des gens des comptes, le *visa* qui seul leur donnait force exécutoire. Ce n'était pas là une simple formalité. Investie à cet égard d'un droit d'examen et de contrôle des plus étendus, la chambre des comptes jugeait toutes les oppositions formées à l'expédition des lettres de noblesse par les personnes intéressées, et procédait, par un commissaire nommé dans son sein, à une enquête sur la naissance, les mœurs et les facultés de l'anobli. A cet effet, le commissaire faisait comparaître devant lui de nombreux témoins qui, après avoir prêté serment devant un notaire public, étaient interrogés avec soin sur tout ce qui pouvait aider à fixer le jugement de la cour.

C'est ainsi que dans la curieuse enquête faite à Semur au mois de juillet 1472 sur *les facultés et biens* de Guillaume Daubenton, originaire de Montbard, conseiller et avocat du duc au bailliage d'Auxois et récemment anobli par le duc Charles, on voit un certain nombre de témoins entrer dans de minutieux détails sur la fortune mobilière et immobilière de l'impétrant. Par eux nous savons le nombre de maisons qu'il possédait dans *la fermeté* de Montbard, la valeur vénale de ces maisons, le prix de location qu'il en pouvait retirer, l'importance des héritages, propres ou acquêts, qui complétaient sa fortune immobilière et la portaient au chiffre approximatif de 1000 écus d'or. On apprend en outre que Guillaume Daubenton avait six enfants dont une fille qu'il venait de marier à un bourgeois de Flavigny, non sans lui avoir *donné bon manage*, et que son mobilier, assez considérable pour le temps, se composait d'un certain nombre de pièces d'argenterie, de quelques tasses ou gobelets d'étain, de chambres garnies de lits et de coffres pleins de linge et autres *ustensils d'ostels* nécessaires à monsieur l'avocat du duc *pour tenir son estat*.

Le résultat de l'enquête fut favorable, et Daubenton obtint le *visa* de la chambre des comptes moyennant une finance de 50 livres. Si la chambre l'avait refusé, l'impétrant n'aurait eu d'autre ressource que d'obtenir du duc des lettres de jussion. C'était l'*ultima ratio* de notre vieux droit public. Pierre Berbis, anobli par Philippe le Bon pour avoir pris part aux négociations du traité d'Arras, dut recourir à cette extrémité pour vaincre une résistance de huit années.

Quand l'enquête était favorable, la chambre apposait son *visa* sur l'original des lettres de noblesse, dont une copie authentique était conservée dans ses archives avec le procès-verbal d'enquête et la quittance du receveur chargé de percevoir la finance. L'usage de conserver ainsi la copie authentique des lettres de noblesse s'est maintenu jusqu'au XVIe siècle. A cette époque on voit les anoblis prendre l'habitude, en retirant l'original de leurs lettres de noblesse, d'en donner décharge sur le registre de la chambre. Quant à l'enregistrement proprement dit, c'est-à-dire à la transcription intégrale des lettres de noblesse sur les registres, il ne paraît pas avoir été pratiqué avant 1430. Cette transcription se faisait anciennement sur un registre spécial, où étaient copiées toutes lettres d'anoblissement, affranchissement, naturalité, légitimation, et qu'on appelait le *Livre des chartes*. Les plus anciens de ces registres ne sont pas venus jusqu'à nous ; on n'en conserve que quatre aux archives de la Côte-d'Or. Ils sont du XVIe siècle et comprennent, avec quelques lacunes, les années 1504 à 1606. A partir de la fin du XVIe siècle, la plupart des actes qu'on avait l'habitude de transcrire sur ces registres spéciaux furent portés à leur date d'enregistrement sur les registres ordinaires de la chambre. Ceux-ci, heureusement conservés, forment une magnifique série qui comprend une période de quatre siècles, de 1386 à la Révolution. Quant aux lettres conservées en copies authentiques dans les archives de la chambre des comptes, nous ne les connaissons que par l'inventaire sommaire qu'en a dressé l'archiviste Peincedé, vers 1760, dans le tome XVI de ses *Recueils de Bourgogne*. Elles ont été brûlées avec d'autres documents du même genre, en exécution des lois révolutionnaires et par ordre du directoire du département de la Côte-d'Or, sur la place royale de Dijon, le dimanche 5 août 1792, au grand applaudissement des patriotes du temps.

Quelques-unes des copies analysées par Peincedé avaient disparu des archives de la chambre des comptes au moment de la Révolution. Ce sont les copies de lettres accordées par les ducs à leurs sujets du comté de Bourgogne et qui, vérifiées par la chambre des comptes de Dijon qui avait seule juridiction sur les deux Bourgognes, ont été rendues en 1736, comme à leur dépôt naturel, à la cour des comptes, aides et finances de Dôle dont la création est postérieure à la mort de Charles le Téméraire.

Ajoutons enfin que quelques copies authentiques et anciennes de lettres de noblesse qui étaient conservées dans divers fonds de la chambre des comptes, où le génie inquisitorial des agents révolutionnaires n'a pas su les découvrir, ont heureusement échappé au bûcher de 1792. Elles nous serviront à contrôler sur certains points l'inventaire de Peincedé, et à combler certaines lacunes qui s'y étaient produites et qui, eu égard au soin avec lequel cet inventaire a été rédigé, semblent indiquer qu'au moment de la Révolution, et avant l'auto-da-fé dont elle a donné le signal, les archives de la chambre des comptes n'avaient pas gardé parfaitement intact leur précieux dépôt. Est-il permis, en pareille matière, de compter sans la vanité de certaines familles devenues puissantes, et qui se croyaient intéressées à faire disparaître les preuves d'une origine roturière cadrant mal avec leurs ambitieuses prétentions ?

Si nous joignons aux documents de diverses sortes que nous venons d'énumérer, les registres du parlement de Bourgogne conservés dans les archives de la cour impériale de Dijon, nous aurons l'indication complète des sources où nous avons puisé.

Revenons à l'anobli.

Avant d'être élevé au rang des nobles, l'anobli devait verser dans le trésor ducal une somme d'argent proportionnée à sa fortune et arbitrée par la chambre des comptes. Cette *finance* était considérée comme le prix de l'anoblissement ou, pour parler plus exactement, comme une indemnité due au souverain en raison de la diminution de ses droits. L'anobli devait en outre distribuer des aumônes aux pauvres du lieu de sa demeure à l'exemple des anciens nobles obligés de faire largesse lorsqu'ils étaient armés chevaliers. A Dijon cette aumône, fixée par la chambre des comptes, était répartie le plus souvent entre l'hôpital du Saint-Esprit et les religieux mendiants. Enfin, il était dû une dernière indemnité qui se cumulait, suivant de La Roque [1], avec les deux autres, mais qu'en Bourgogne nous n'avons jamais rencontrée que comme l'équivalent de la finance due au souverain. Cette indemnité, que j'appellerais volontiers municipale, et qui était due aux habitants de la paroisse de l'anobli, ne s'est naturalisée dans notre province qu'au XVIe siècle. Il n'est pas sans intérêt d'en rechercher l'origine.

Il était de règle de *toute ancienneté* en Bourgogne que *les nobles anoblis par privilege et tiltre de Monseigneur, durans leurs vies ne semblablement leurs enfants, leurs pères anoblis vivans, ne devoient joyr des priviléges de noblesse* [2]. Cette coutume, anciennement générale, paraît avoir duré plus longtemps en Bourgogne que dans le royaume. C'était pour l'anobli une sorte de transition entre la position du bourgeois contribuable et celle du gentilhomme exempt de toutes charges.

Cette dernière trace de roture était odieuse aux nouveaux anoblis. Ils cherchaient à s'en affranchir, et ceux d'entre eux qui ne jouissaient pas à un titre quelconque de l'exemption personnelle des impôts, s'efforçaient d'obtenir du souverain des lettres spéciales d'immunité. Parfois ils s'en faisaient délivrer de semblables par les habitants de leurs paroisses. Jean Martinot, d'Avalon, anobli en 1479 par Louis XI, prétendait jouir immédiatement de l'exemption des tailles. Pour vaincre l'opposition de ses concitoyens qui invoquaient contre lui la vieille coutume du pays, il dut recourir à l'intervention du monarque. Des lettres du 24 mars 1479 ordonnèrent de *le tenir lui et ses descendants francs et quittes de toutes aides, impôts, subsides* etc. *nonobstant certaine coutume* par laquelle *les nouvellement anoblis* ne jouissaient point en Bourgogne *dudit anoblissement en tant que touche les impôts et subsides, leur vie durant* [3].

Pour éviter de semblables conflits, l'usage s'introduisit d'autoriser les anoblis à acheter, moyennant une somme une fois payée, l'exemption immédiate des impôts. Ainsi, en 1597, Henri IV mande à la chambre des comptes de Dijon de taxer l'indemnité due par Lazare Ragot pour son anoblissement, selon l'estimation de ses biens, et à

[1] *Traité de la noblesse*, chap. LXX.
[2] Cherche de feux du Dijonnais en 1470, folio 44. Arch. de la Côte-d'Or.
[3] Arch. de la Côte-d'Or. B. 457.

raison des charges et debtes deues par le peuple de sa demeure avant l'octroy et concession de ses lettres d'anoblissement... sans qu'il puisse estre tenu aux charges qui à l'advenir pourroient estre mises sur ledit peuple.

A partir du XVIIe siècle, le principe de l'exemption immédiate des anoblis triompha sur toute la ligne. Quant à la finance, le roi le plus souvent en dispensait l'impétrant. Celui-ci n'avait ordinairement à payer qu'une aumône aux pauvres. Nous ne parlons pas ici, bien entendu, de ces lettres de noblesse vendues à prix marqué, dont la royauté fit à diverses époques un si déplorable trafic.

Après la réunion du duché à la couronne, Louis XI paya en charges et pensions le récent dévouement de ses nouveaux sujets, mais il s'abstint de prodiguer les lettres de noblesse, comme il l'avait fait à l'exemple de son prédécesseur, pour les maires et échevins de quelques grandes villes de l'Ouest de la France. On reconnaît du reste à ses choix la main du compère de Tristan. C'est ainsi qu'on le vit anoblir *son hoste* d'Avalon, Jean Martinot, et un simple chevaucheur de ses écuries, Nicolas de Corbeton, employé sans doute lors de la conquête, à porter quelque douteux message.

L'établissement en Bourgogne d'un parlement sédentaire et permanent entraîna de notables modifications dans le sujet qui nous occupe. La chambre des comptes, seule chargée jusque-là de la vérification des lettres de noblesse, eut désormais auprès d'elle et dans un rang d'honneur plus élevé une compagnie souveraine que les lois du royaume investissaient d'un semblable pouvoir. Ce n'est toutefois qu'en 1574 que le parlement de Bourgogne commença d'entériner les lettres de noblesse. A partir de cette époque, le double enregistrement en chambre des comptes et en parlement fut requis des impétrants, *à peine de nullité*; c'est ce qui résulte d'un arrêt du conseil du 6 avril 1604. Quant aux lettres de réhabilitation, elles ne devaient être vérifiées que par les cours des aides [1]; en Bourgogne cette vérification fut toujours faite par le

[1] Voy. un édit de 1692 rapporté par Chérin, p. 203. — Les lettres de réhabilitation de noblesse n'étaient autre chose qu'un ordre donné aux cours souveraines chargées de l'enregistrement, d'avoir à procéder à cette vérification, les syndics des états et des paroisses préalablement entendus, et à maintenir en conséquence ou à réintégrer le requérant dans son privilége de noblesse, après que celui-ci aurait établi la noblesse de sa famille antérieurement aux actes de dérogeance. C'est ce qu'indique la formule suivante qu'on trouve invariablement insérée dans les lettres de réhabilitation toutes les fois que le roi ne dispensait pas expressément le requérant

parlement auquel un édit de 1630 attribua définitivement la juridiction souveraine des aides.

La vérification des lettres de noblesse se faisait d'abord au parlement, puis à la chambre des comptes. Comme celle-ci, le parlement était juge de toutes les oppositions formées devant lui par personnes intéressées. Il apportait quelquefois de notables modifications à la teneur des lettres de noblesse. Il se permettait par exemple, comme pour les lettres de Philibert Maréchal, en 1604, de mettre à l'enregistrement cette réserve que l'impétrant ne jouirait de la noblesse que sa vie durant et ne la transmettrait pas à sa postérité. Des lettres de jussion intervenues sur cet arrêt restèrent sans enregistrement, et ce ne fut que le fils de l'anobli qui sortit enfin de cette situation anormale en obtenant, en 1636, des lettres de maintenue.

Il nous reste à dire quelques mots de l'enregistrement en chambre des comptes et des formalités qui l'accompagnaient. Dans le luxe de précautions dont l'usage et la loi avaient entouré cette vérification par les cours souveraines d'un acte émané de l'initiative du prince, je ne sais s'il ne serait pas possible de trouver comme un reflet des vieilles franchises d'un pays libre. C'est un trait caractéristique qui vaut la peine d'être signalé.

L'impétrant présentait à la chambre une requête qui était immédiatement renvoyée, avec les pièces à l'appui, sur les conclusions du procureur général, 1° au procureur syndic des Etats ; 2° s'il y avait lieu, aux maire, échevins et syndic de la paroisse du requérant.

Le procureur-syndic des Etats, officier chargé de représenter la province en toutes cours et juridictions, devait veiller à ce que le nombre des lettres de noblesse ne se multipliât pas de manière à surcharger trop grièvement, par les exemptions d'impôts qu'elles procuraient, le commun des contribuables. Il présentait la requête, avec ses conclusions et les pièces à l'appui, aux élus des trois ordres qui, par une délibération spéciale, déclaraient s'opposer ou ne s'opposer pas à l'enregistrement [1]. L'intérêt du maire et des échevins en

de cette preuve : *Mandons et ordonnons que, s'il appert par titres valables et authentiques que le requérant soit issu de noble race et que lui ou ses prédécesseurs n'aient fait autres actes de dérogance que tels et tels, vous ayiez à le maintenir et conserver en sa qualité de noble.* Les titres produits devant le parlement étaient visés dans l'arrêt d'enregistrement.

[1] Pour les anoblis de Bresse et de Bugey, on consultait les syndics des Etats de ces deux provinces. — Les syndics étaient aussi appelés pour y contredire au besoin, lors de la vérification des lettres de relief.

pareil cas est facile à comprendre. En consultant le conseil de ville et en provoquant de sa part une délibération sur la question qui lui était soumise, le maire se portait gardien de l'intérêt municipal, comme le procureur-syndic des Etats l'était de l'intérêt provincial.

Ces formalités remplies, la chambre des comptes commettait un conseiller-maître pour faire l'information par témoins des vie, mœurs et facultés de l'anobli, et, sur le rapport de ce magistrat, ouïes les conclusions du procureur-général, elle décidait par arrêt qu'il y avait lieu ou non d'accorder l'enregistrement. Les oppositions, qu'il s'en produisait, donnaient naissance à un véritable procès, et étaient jugées dans les formes ordinaires par arrêt souverain de la chambre, sauf révision *en chambre neutre* [1].

Au surplus, les exemples valent mieux que les théories. Qu'on nous permette celui-ci.

En 1586, Henri III anoblit un avocat de Chalon, nommé Louis de Thésut que ses concitoyens avaient appelé une ou deux fois aux honneurs du majorat et qui s'était *vertueusement employé*, pendant les troubles, à la conservation de sa patrie sous l'obéissance du roi.

Louis de Thésut paya depuis de la prison, son dévouement royaliste, lorsque Mayenne s'empara en 1588 de la citadelle de Chalon dont il fit le foyer de la Ligue en Bourgogne. Il appartenait à une très-ancienne famille du Charolais, noble de race, mais dont une branche en s'établissant à Chalon et en prenant rang dans la bourgeoisie riche et très-privilégiée de cette ville, avait négligé, comme il se faisait souvent en pareille circonstance, de prendre les titres et qualifications nobles dont son origine lui aurait incontestablement permis l'usage. Cette sorte de dérogéance tacite s'était prolongée trop longtemps pour qu'elle pût être couverte par de simples lettres de relief. Louis de Thésut d'ailleurs, au milieu des troubles civils, loin de son pays d'origine et après un si long temps écoulé, aurait eu sans doute quelque peine à fournir des preuves bien certaines d'une filiation noble antérieurement à l'établissement de ses

[1] La chambre neutre était un tribunal temporaire formé de membres du parlement et de la chambre des comptes, en nombre égal. On pouvait se pourvoir *par révision* devant ce tribunal contre tous les arrêts de la chambre des comptes, à l'égard de laquelle il remplissait les mêmes fonctions que le conseil du roi. C'était, si l'on veut, une cour de cassation au petit pied.

ancêtres à Chalon. Il jugea plus simple de solliciter et il obtint des lettres de noblesse dont il se hâta de demander l'enregistrement à la chambre des comptes. Il n'avait pas prévu l'opposition de ses concitoyens.

La bourgeoisie des grandes villes ne voyait pas d'un œil indifférent ces coups de faveur, qui faisaient sortir de son sein les contribuables les plus imposés, au grand dommage du reste des habitants. Surtout elle avait une antipathie marquée contre les quêteurs de parchemins [1]. Tous ces sentiments éclatent avec une singulière vivacité dans la requête présentée à la chambre des comptes par le maire, les échevins et le procureur syndic de Chalon, pour s'opposer à la vérification des lettres *obreptices et subreptices* que Thésut n'avait obtenues, y lit-on, que *pour frauider le roy et le publicq du debvoir qu'il y doibt*. Dans ses fonctions de maire, qu'avait-il fait *plus que son debvoir ny rien plus que les autres maires*? Loin d'avoir faict *aucung acte qualifié de service signalé, comme d'avoir de vive force repoussé l'ennemy d'une brèche, hazardé sa vie et ses moyens pour le salut de sa ville*, il n'y en avait point dans Chalon de *plus négligent et réfractaire pour courir sur la muraille, assister aux gardes de jour et de nuit, lorsque les vieillards et malades y alloient. Si d'avoir été maire une ou deux fois estoit suffisans fondemens de noblesse pour le service que l'on a faict à la garde de la ville*, ne faudrait-il pas anoblir aussi les échevins, le clerc du guet et le procureur syndic, ce qui ferait, tout bien compté, *sept gentilhommes* créés tous les ans *pour n'avoir faict que leur debvoir*?

Les citoyens de Chalon n'étaient-ils pas d'ailleurs assez nobles, ne jouissaient-ils pas de beaux et nombreux priviléges dont Thésut aurait bien pu se contenter, *si le désir de secouer le joug des charges publiques ne l'avoit meu avec plusieurs autres de rechercher le moien de lettres d'anoblissement, à la ruyne de leurs concitoyens*?

Il y avait sans doute quelque courage à se mettre ainsi en travers de la volonté du monarque et à blesser, par cette défense énergique des intérêts de la cité, l'amour-propre d'un homme influent, bien vu

[1] Jacques Laverne, devenu zélé royaliste, comme Thésut, et décapité à Dijon pour avoir voulu livrer cette ville à Henri IV, avait obtenu en 1590, des lettres de noblesse — données par Charles X, le roi de la Ligue — et dont le conseil de ville consentit l'enregistrement sur cette considération que le roi avait anobli Laverne de son propre mouvement et sans que celui-ci en eût *aulcunement faict poursuite*.

en cour, et qui pouvait s'en souvenir. Les généreux citoyens qui ne craignirent pas d'apposer leur signature au bas de cette curieuse requête s'appelaient Galoye, Bled, Nadot, Lamy et Languet. Avons-nous eu tort de tirer leurs noms de l'oubli ?

La défense au surplus était aussi vive que l'attaque. L'avocat Thésut voyait ses services contestés ; pour les mettre en lumière et pour peser, s'il était possible, sur la décision de la chambre par l'autorité d'un grand nom, il produisit au procès un certificat du comte de Charny, lieutenant-général en Bourgogne, qui en constatait la réalité. C'était jouer un jeu habile. La chambre des comptes s'y laissa prendre. A tort ou à raison elle décida que, sans s'arrêter à l'opposition des habitants de Chalon, il serait nommé un commissaire pour procéder, selon l'usage, à l'information des vie et mœurs du requérant. Les signataires de la requête s'empressèrent de proposer la récusation du conseiller commissaire pour cause de suspicion légitime et de demander, du consentement du procureur-général, la révison *en chambre neutre* de l'arrêt qui l'avait nommé.

Cette demande n'aboutit pas. La *révision en chambre neutre* était un moyen extrême dont la chambre des comptes goûtait peu l'emploi. Elle trouvait quelqu'humiliation à mettre ainsi le parlement, son ennemi naturel, de moitié dans sa souveraineté. On parvint sans doute à faire renoncer à la révision les Chalonnais dont le zèle était à bout, et la chambre des comptes, par un nouvel arrêt du 21 février 1587 décida que, sans tenir compte de la récusation *frivole et impertinente* des opposants, il serait passé outre au jugement des lettres de noblesse. Pour achever de former la conviction des juges, Thésut plaça sous leurs yeux un tableau généalogique qui mettait hors de doute l'honorabilité de son origine, et la cour, par arrêt souverain et non attaqué du 25 février 1587, ordonna l'enregistrement pur et simple. La finance fut fixée à 100 écus dont on devait acquérir une rente de 8 écus 1/3 au profit commun des habitants de Chalon [1].

Telles étaient, dans leur ensemble, les garanties dont notre vieux droit public entourait la vérification des lettres de noblesse par les cours souveraines. On s'est étonné peut-être à cette lecture, tant nous sommes déshabitués des choses d'autrefois, de ce jeu hardi des institutions qui faisait une règle d'ordre public de l'ingérance du pouvoir judiciaire dans l'appréciation, ou, pour parler comme nos

[1] Arch. de la Côte-d'Or, liasse B 457, et registre B 74, folio 65, verso.

vieux magistrats eux-mêmes, dans *le jugement* d'un acte émanant de la juridiction gracieuse du souverain. En matière de collation de titres de noblesse, c'est un principe tout différent qui prévaut aujourd'hui. Certes l'étonnement serait moins grand si l'on voulait bien se souvenir que la vieille royauté française n'était pas seulement, suivant un mot trop spirituel pour être parfaitement vrai, une monarchie tempérée par des chansons, et qu'il ne faut pas la séparer, dans un jugement équitable, de cet imposant cortége d'institutions provinciales et municipales qui servaient de contrepoids à l'autorité du monarque et dont le rôle dans notre histoire est assez beau si, incapables de toujours empêcher le mal, elles ont procuré souvent le bien du pays.

Pendant la plus grande partie du XVIe siècle, les rois de France n'usèrent qu'avec modération du droit d'anoblissement. De 1500 à 1584, on ne trouve en Bourgogne qu'une vingtaine de lettres de noblesse ou de confirmation. Pour voir les anoblissements se multiplier il faut attendre l'époque des guerres de religion. Après les premiers troubles de la Ligue, Henri III anoblit quelques bourgeois de Beaune et de Chalon qui s'étaient *vertueusement employés* à maintenir ces deux villes sous son obéissance. Ce roi mort, la souveraineté se divise et la France se partage en deux camps dont les chefs tiennent également en réserve des chartes d'anoblissement pour récompenser le zèle de leurs plus dévoués partisans. Ainsi tandis que le parlement royaliste siégeant à Flavigny enregistre les lettres de noblesse du procureur-général Picardet, l'une des plus fortes têtes du parti, le duc de Mayenne, lieutenant-général de la couronne et alors tout-puissant en Bourgogne, anoblit un procureur du roi à Mâcon pour s'être *courageusement opposé aux traîtres* qui s'efforçaient d'envahir cette ville et de la faire tomber *aux mains des hérétiques*.

Charles X, le roi de la Ligue, trouve le temps dans son éphémère royauté, d'accorder une semblable faveur à l'un des chefs de la bourgeoisie dijonnaise, Jacques Laverne, zélé catholique qui, après avoir puissamment contribué à maintenir le parti ligueur en possession de la capitale de la province, devait quelques mois plus tard, fatigué d'une rebellion que plus rien ne légitimait, payer de sa tête la tentative de livrer cette même ville à Henri IV.

Après la pacification de la province, Henri IV continua d'y prodiguer les lettres de noblesse. C'était un moyen économique de payer certaines dettes de reconnaissance. Sous son règne, le parlement et la chambre des comptes enregistrèrent vingt et une lettres tant d'anoblissement que de confirmation. Le XVIe siècle tout entier n'en avait pas vu tant.

Le nombre des lettres de noblesse augmenta encore sous Louis XIII.

Les populations cependant, déjà écrasées d'impôts, ne cessaient de protester contre cet excessif accroissement du nombre des privilégiés. — Qu'on se rappelle les énergiques remontrances des habitants de Chalon. — Renfermées le plus souvent dans l'enceinte des cités, ces plaintes montaient parfois jusqu'au monarque par le canal des représentants officiels du pays. En 1587, les Etats généraux de la province décidèrent que Sa Majesté serait très-humblement suppliée de révoquer tous les anoblissements accordés depuis cinq ans *soubs prétexte de services imaginaires*, à plusieurs habitants particulièrement des villes de Beaune, Chalon et autres, *des plus riches et aisés et ayans nombre d'enffans* qui n'avaient jamais fait profession des armes pour le service du roi et ne cherchaient qu'à *frauder le roi et leur pays des contributions aux subsides*. Les Etats demandaient en outre au monarque de ne plus octroyer à l'avenir de lettres de noblesse *sans que le mérite de ceux qui en feroient des poursuyttes fut congneu et apreuvé en assemblées publicques des habitans des villes qui y ont le principal intérest, d'autant que ces lettres sont à la diminution des droits de Sa Majesté, confusion entre les trois Estats et déshonneur de l'ancienne noblesse*. — Si quelque procès était intenté sur l'entérinement des lettres de noblesse, le procureur syndic devait poursuivre envers les juges qui en avaient connaissance *de les tenir en suspens*, jusqu'à ce que le roi eût déclaré sa volonté [1]. Cette délibération des Etats de Bourgogne (mai 1587), est de trois mois postérieure à l'arrêt de la chambre des comptes qui avait entériné les lettres de Louis de Thésut.

Le roi cependant fit la sourde oreille, et après lui Henri IV, son successeur, si bien qu'en 1596 les Etats en étaient encore réduits à se reporter à leur délibération de mai 1587, et à renouveler au procureur syndic l'ordre d'empêcher *la vérification des lettres de noblesse que plusieurs particuliers avaient obtenues et de se pourvoir contre celles qui auraient été entérinées* [2].

[1] Délibérations des Etats de Bourgogne, tome IX, p. 170.
[2] Décrets des Etats, tome II, folio 307.

Enfin en 1602, nouvelle délibération portant que *les procureurs syndics ont charges de poursuivre à la cour du parlement la vérification de l'édit portant révocation de toutes lettres de noblesse accordées depuis quelque temps*[1].

Les Etats faisaient allusion à l'édit de révocation de 1598, dont les prescriptions peu observées n'empêchèrent pas la plupart des anoblis du règne de Henri IV, de continuer de jouir de leur privilége, et leurs descendants d'être maintenus lors de la recherche pourtant si rigoureuse de 1667.

Animés d'un semblable esprit, les Etats généraux du royaume convoqués sous Louis XIII en 1614, supplièrent ce monarque de n'accorder à l'avenir aucunes lettres de noblesse qu'à ceux qui auraient rendu de longs et remarquables services à l'état et au public, et demandèrent en outre la révocation de tous les anoblissements faits depuis le règne de Henri II par argent et sans cause[2].

Ces sages remontrances n'avaient guère de sanction et frappaient le plus souvent dans le vide. Les rois continuaient de prodiguer les lettres de noblesse, au mépris des observations des Etats et ne s'autorisaient de leurs justes doléances que pour promulguer de temps à autre quelqu'édit brutal de révocation. De 1583 à 1664 on compte une dizaine de semblables édits presque aussitôt suivis de confirmations générales ou partielles moyennant finance.

Cette date de 1664 est importante. Elle correspond à l'inauguration d'un nouveau système. Les révocations générales portées par l'édit d'août 1664 et par la déclaration du mois de septembre suivant furent inspirées par Colbert. Elles précédèrent de peu d'années la recherche des usurpateurs de noblesse dont ce grand ministre confia l'exécution dans les provinces aux intendants et qui, rigoureusement continuée pendant une période assez longue, fit rentrer dans la roture, au grand soulagement des contribuables, un nombre considérable de faux gentilshommes.

La double préoccupation d'épurer le corps de la noblesse et de diminuer pour la masse de la nation les charges de l'impôt, ressort clairement du préambule de la déclaration de septembre 1664. On y lit que *la quantité de lettres de noblesse accordées depuis trente ans par faveur ou surprise à divers particuliers, la plupart gens sans ser-*

[1] Décrets des Etats, tome II, folio 462.
[2] La Roque, chap. LXV.

vices et de peu de mérite, a fait un notable préjudice non seulement à l'anciennenoblesse, mais encore aux subjets contribuables aux tailles.

Tristes aveux arrachés par l'évidence à la bonne foi d'un ministre honnête homme. Décidé à appliquer le remède, Colbert le fit toutefois avec une certaine modération, dont il faut lui savoir gré. La plupart de ces gens *sans service et de peu de mérite* qu'atteignait la déclaration de 1664, profitant d'une clause équitablement introduite dans son dispositif, obtinrent peu après des lettres de confirmation. Le contrôleur général songeait moins à frapper le passé qu'à dégager l'avenir. Quant au blâme violent qui, dans son esprit, s'adressait indistinctement à ses prédécesseurs les surintendants des finances, éditeurs responsables des édits bursaux et des concessions scandaleuses de privilèges, ne semble-t-il pas avoir dépassé son but pour remonter jusqu'au monarque?

La royauté cependant n'était pas aussi coupable qu'on le croit généralement. On l'a accusée d'avoir cherché de propos délibéré par l'abus des anoblissements, à avilir la noblesse pour la mieux façonner à l'obéissance. Cette accusation nous semble tout au moins fort exagérée. Certes, dans leur lutte huit fois séculaire contre l'aristocratie féodale, nos rois eurent à leur disposition des moyens d'action plus énergiques et plus sûrs. Pour ne citer que deux époques, pense-t-on que quelques feuilles de parchemin semées çà et là sur la riche bourgeoisie des grandes villes fussent venues bien utilement en aide aux échafauds de Richelieu ou aux splendeurs fascinatrices de Versailles?

Pour Louis XIV en particulier, auquel ce reproche a été spécialement adressé, il est d'une évidente injustice. Veut-on des chiffres? Depuis la mort de Louis XIII jusqu'à celle du cardinal Mazarin, on trouve en Bourgogne trente-sept lettres de noblesse dont il serait injuste de faire remonter la responsabilité jusqu'au monarque. On n'en rencontre au contraire que cinq, depuis l'entrée de Colbert au contrôle général jusqu'en 1695, c'est-à-dire pendant la période la plus brillante du règne *personnel* de Louis XIV. Si à partir de cette époque et pendant les vingt dernières années de ce règne trop long, on les voit se multiplier de nouveau, et la noblesse dans le même temps se vendre à prix fixe comme une vile marchandise, ce ne sont là que de misérables expédients financiers inspirés au grand roi que trahit la fortune par les tristes successeurs de Colbert.

Qu'en fait l'excessive multiplication des anoblissements par charges et par lettres ait fait perdre à la vieille noblesse quelque chose de son prestige, en même temps qu'elle excitait contre la masse sans cesse grossissante des privilégiés la haine sourde des classes inférieures, qui songe à le contester? Mais accuser la royauté de parti pris, voir chez elle le système préconçu d'avilir la noblesse, c'est mal comprendre le rôle subordonné mais brillant que nos rois se sont sans cesse efforcés de lui assigner dans l'état et la nature des services qu'ils attendaient de son dévouement. Non! la royauté n'a jamais visé ni si loin ni si bas. Et si elle a eu trop souvent le tort grave de vendre la noblesse, ç'a été uniquement pour ses ministres l'affaire de combler les vides du trésor.

La paix d'Utrecht fut suivie d'un édit général de révocation des priviléges, exemptions et anoblissements accordés depuis trente-six ans à des compagnies ou à des individus. Cet édit fut signé par le grand roi au mois d'août 1715, quelques semaines seulement avant sa mort. On trouve encore, sous le règne de Louis XV, deux édits de 1723 et de 1771, qui imposaient aux anoblis le paiement d'un droit de confirmation. Mais ces mesures fiscales n'avaient pas le caractère odieux des précédents édits de révocation, et il faut observer de plus que les arrêts du conseil qui prononcèrent la déchéance en cas de non-paiement, conformément aux dispositions du premier de ces édits, ne paraissent pas avoir été exécutés. Ce sont là les dernières traces de ce déplorable système de révocations et de confirmations successives qui, sous prétexte de soulager les contribuables, ne permettaient à la royauté « d'apaiser les souffrances des uns qu'en manquant à la parole engagée vis à vis des autres [1]. »

Il y aurait peut-être quelques observations à faire sur les anoblissements au XVIIIe siècle. Nous nous bornerons à la suivante. Jusqu'alors l'anoblissement, quand il ne consistait pas simplement dans la vente d'un parchemin armorié, avait eu pour unique objet de récompenser les services de magistrats éminents des siéges inférieurs, dont les charges ne conféraient pas la noblesse de plein droit, ou plus souvent encore d'honorer la valeur militaire. Vers la fin du XVIIIe siècle, de nouvelles tendances se font jour. Parmi les anoblis de cette époque, on rencontre en Bourgogne un ingénieur, dont le nom est resté attaché à d'utiles et importants travaux, un avocat qui avait longtemps professé le droit avec honneur dans la jeune Uni-

[1] Crépon, *Du droit d'anoblissement.*

versité de Dijon, des médecins, un chirurgien, etc. C'était chose inouïe, dans notre province tout au moins. En même temps, les idées philanthropiques et humanitaires qui commençaient à se répandre dans les hautes classes de la société, envahissent jusqu'au préambule des lettres de noblesse. S'imagine-t-on Louis XIV, au sortir d'une représentation du *Malade imaginaire*, signant une déclaration dans le genre de celle-ci qu'on lit en tête des lettres d'anoblissement du docteur Barbuot en 1780 : *De toutes les connaissances que l'homme puisse acquérir, il n'en est pas de plus utile que celle de la médecine ; c'est à cet art salutaire que l'humanité doit sa conservation?*

Ajoutons qu'au XVIIIe siècle, le nombre des anoblissements par lettres diminue. Il y a là, sans doute, de la part de la royauté un esprit de sage retenue, bien éloigné de la déplorable prodigalité du siècle précédent. Mais la cause principale de cette diminution sensible est ailleurs. Maugard, qui écrivait en 1788 ses *Remarques sur la noblesse, dédiées aux assemblées provinciales*, la signale fort justement quand il fait observer « qu'en créant un nombre excessif de charges qui confèrent la noblesse, les rois se sont en quelque façon privés d'une de leurs plus belles prérogatives, de la précieuse faculté d'anoblir gratuitement celui qui aura bien mérité de l'État. » S'il paraît désirer cette récompense flatteuse, » ajoute-t-il, « on lui dit froidement : achetez une charge. »

Ainsi, réduction du nombre des charges anoblissantes, droit réservé au monarque de conférer gratuitement la noblesse à ceux de ses sujets qui se seraient distingués par leur mérite ou leurs vertus, voilà la double réforme que demandait à la veille de la Révolution un écrivain qui a laissé quelques bonnes pages sur l'histoire de la noblesse et qui rêvait aux moyens de lui rendre son ancien éclat au moment où elle allait disparaître dans la tourmente. Et ce n'était pas là l'expression d'un vœu isolé. En formulant cette demande, Maugard se faisait l'écho de l'opinion du pays tout entier qui n'avait pas encore en perspective de plus radicales solutions. C'est à cette opinion unanimement manifestée, quoiqu'avec des nuances diverses, dans les cahiers des bailliages, en 1789, que le monarque qui mérita le titre trop tôt et trop injustement oublié de *Restaurateur de la liberté française*, donna une première satisfaction en inscrivant dans la célèbre déclaration de juin 1789, cette promesse solennelle :

« L'intention de Sa Majesté est de déterminer, d'après l'avis des États généraux, quels seront les emplois et les charges qui conserveront, à l'avenir, le privilége de donner et de transmettre la noblesse. Sa Majesté, néanmoins, selon le droit inhérent à sa couronne, accordera des lettres de noblesse à ceux de ses sujets qui, par des services rendus au roi et à l'état, se seraient montrés dignes de cette récompense. »

Sages et judicieuses paroles qui dégageaient l'avenir en assurant équitablement le respect de tous les droits acquis.

On sait ce que l'Assemblée Constituante a fait de cette déclaration de juin 1789, qu'on peut considérer comme le testament législatif de la vieille monarchie française.

PÉRIODE DUCALE

(1361 - 1477)

JEAN LE BON

Depuis la mort de Philippe de Rouvre à la réunion du duché de Bourgogne à la couronne (1361) jusqu'à l'avénement de Philippe le Hardi (1363 [1]).

1. Lettres données *par le roi Jean*, à Troyes, en juillet 1363, portant anoblissement pour Garnier de Bèze (*de Besua*), bourgeois de Dijon, Guillemette, sa femme, et Jeannette, sa sœur, veuve de maître Jean Rosier, de Dijon, conseiller du roi, en récompense de leurs services. (Copie visée en la chambre des comptes en 1407 [2].) Garnier de Bèze, dont le sceau porte *une chèvre* ou *un bélier* et *une bordure*, appartenait à une ancienne famille de Dijon, et était sans doute issu de Jean de Bèze, maire de cette ville en 1247. Nous lui connaissons, entre autres enfants, une fille Guiotte, mariée en 1382 à Jean de Clugny, citoyen d'Autun, et deux fils : Jean, écuyer, châtelain de Brazey, et Guillaume, conseiller au parlement de Paris, qui ratifia en 1409 certaine amodiation d'héritages faite par sa mère, Guillemette Prudhomme, alors veuve. La postérité de Guillaume subsiste en Nivernais et en Bourgogne et porte : *de gueules, à la fasce d'or chargée de trois roses d'azur, et accompagnée en pointe d'une clef d'argent en pal*. Famille du fameux Théodore de Bèze. — Jean Rosier était procureur et avocat du duc au bailliage de Dijon ; il assista comme conseiller au parlement de Beaune ; il était peut-être de la même famille que Jean Rosier, de Fauverney, gouverneur de la vigne de Bonnemère, à Chenôve, près Dijon, en 1354, qui portait dans son sceau : *une rose* [3].

[1] Explication des abréviations :

C. P. Copie conservée à la chambre des comptes, inventoriée par Peincedé et brûlée en 1792. Nous aurons soin d'indiquer celles des copies qui concernaient des Francs-Comtois et ont été rendues à la chambre des comptes de Dôle en 1736.

R. P. Registrées au parlement.

R. C. Registrées à la chambre des comptes.

R. P. C. Registrées au parlement et à la chambre des comptes.

[2] Archives de la Côte-d'Or. B 457.

[3] Arch. B 381.

PHILIPPE LE HARDI

(1363-1404)

2. Senlis, avril 1365. Lettres de noblesse données par le roi à Humbelot Martin et Thevenote, sa femme, demeurant à Dijon. On trouve ces lettres mentionnées avec d'autres du dernier janvier 1435, dans un arrêt du parlement du 8 février 1662, portant décharge d'une amende pour Jean-Baptiste Martin de Choisey, seigneur et baron d'Avôt et de Potenet, pour avoir pris la qualité de *messire* et de *chevalier*, sans néanmoins qu'il fût autorisé à continuer de les prendre. (Voy. n° 54.)

3. Lettres données à Dijon en juin 1371, portant anoblissement pour Adam de Cosnes, Comtesse, sa femme, et leur postérité, tant à cause de leurs services, qu'en raison du mariage, à la requête du duc, de leur fille Estevenote avec Mahier Trapet ou Crapet, autrement dit Duret de Vimbles, du diocèse d'Arras, valet de chambre du duc. (Copie de 1377 [1].)

4. Pierre le Physicien, de Semur-en-Auxois, Jean, son fils, et leurs descendants, reconnus nobles par lettres données à Flavigny, le 6 mars 1371, en suite d'une information du bailli d'Auxois, rapportée depuis au conseil ducal, et constatant que ledit Pierre était maître en médecine, noble et *attrait de noble lignée* et que [illegible] et ses prédécesseurs pe[illegible] *sept vingt ans et plus*, étaient en possession de jouir des franchises à Semur, sans payer aucune redevance. (Vidimus du 19 mai 1389 [2].)

5. 1378. Guy le Poissonnier et Lucote, sa femme, anoblis par le roi. (Voy. n° 123.) Famille enrichie par la vente du sel pour la fourniture des greniers du duché. Elle portait : *d'azur, à une sirène se peignant et se mirant d'argent ; à la bordure endenchée de gueules.*

6. André Juste, habitant Semur-en-Auxois, fut anobli *par lettres du roi de France* datées de Saint-Denis le 26 février 1380. (Copie du jour de l'apparition de Notre-Seigneur 1405 [3].)

7. 12 septembre 1381. Lettres de noblesse pour Jean de Chazon,

[1] B 457.
[2] B 457.
[3] B 457.

dit CHAPUIS. (C. P. rendue à la chambre des comptes de Dôle en 1736.) — Date incertaine [1].

8. JACQUES DE LAAMONT, anobli par lettres données à Paris en août 1386, moyennant 10 livres de finances, à charge de reprendre en fief du duc, à cause de la terre d'Isle en Champagne, sa maison de Villetard avec cent soudées de terre qu'il tenait auparavant en franc aleu. (Vidimus du 27 avril 1399 [2].) En 1397, Jacques de Laamont est qualifié lieutenant du grenier du duc dans ses terres de Champagne ; son sceau portait un écu *de... à un I couronné et accosté de deux besants* [3].

9. JEAN VIARD, d'Auxonne, anobli par lettres de 1388, expédiées en 1402, moyennant une finance de 10 livres (C. P.). Sa famille a fourni au XVe siècle plusieurs maîtres particuliers de la monnaie d'Auxonne, et depuis des maires de la même ville.

10. Lettres données à Saint-Germain-en-Laye, en décembre 1393, et collationnées à la chambre des comptes de Dijon, le 18 avril 1396, portant anoblissement *par le roi de France* pour JEAN D'AUXONNE et GUILLEMETTE, sa femme. (Copie du 18 avril 1396 [4].) Jean d'Auxonne, successivement receveur d'Auxonne en 1387, receveur général de Bourgogne en 1389, gruyer de Bourgogne en 1392, mourut en Hongrie pendant la croisade contre Bajazet. Son sceau porte *trois glands, cœurs ou feuilles renversées et un chef chargé à dextre d'un croissant* [5], mais l'*Armorial de la chambre des Comptes* attribue à son fils Thomas, maître aux comptes, les armes suivantes : *de gueules à la bande d'or*. Le père de Jean Garnier d'Auxonne était, en 1327, écuyer du sire de Pesmes.

11. JOCERANT FREPIER, conseiller du duc, prêta serment comme receveur général des duché et comté de Bourgogne le 25 mars 1393 et fut anobli par lettres de 1398, expédiées en 1402 (C. P.). Nous lui connaissons deux fils, Jean et Philippe, ce dernier receveur du bailliage de Chalon en 1420. Le sceau de Jocerant Frepier porte

[1] Pour la plupart des lettres rendues à la chambre des comptes de Dôle, la date indiquée est celle du paiement de la finance.

[2] B 457.

[3] B 10420.

[4] B 457.

[5] B 1384, 1385, 10416.

trois roues et un chef chargé d'un léopard [1]. Il avait été employé par le duc à plusieurs commissions importantes.

12. 1400 environ. On trouve dans un rôle d'impôts de la ville de Châtillon-sur-Seine, en 1429, la mention d'une exemption prétendue par les petits-fils de N. DAGUEVILLE, qui avait été anobli par le duc. Leur père Nicolin Dagueville était receveur du bailliage de la Montagne en 1401. Son sceau porte *un chevron accompagné de trois quintefeuilles* [2]. Un de ses fils, Pierre, fut nommé contrôleur du grenier à sel de Châtillon en 1400, et c'est sans doute sa fille Henriette Dagueville qui épousa Pierre Berbis, anobli en 1435.

13. 1400 environ. Semblable mention qu'au numéro précédent pour les petits-enfants de N. DE LA JAISSE anobli par le duc. Famille ancienne à Châtillon, à laquelle appartenait Guillaume de la Jaisse, qualifié ancien châtelain de Villaines en Duesmois en 1372, dont le sceau porte : *trois têtes d'hommes et une bordure endenchée.* Le nom de la Jaisse a été relevé par les Paris de la Jaisse, dont plusieurs conseillers des ducs, un bailli de la Montagne, un bailli d'Auxois, etc.

14. 1400 environ. Semblable mention qu'aux deux précédents pour la femme de Nicolas Grappe, marchand tanneur à Châtillon, qui se disait exempte, comme veuve en premières noces de JEAN DE NAMUR, pelletier de peaux et tailleur du duc, anobli par le roi de France, et dont le sceau, en 1377, porte : *une croix chargée d'une coquille au milieu, et accompagnée en chef de quatre oiseaux ou merlettes* [3].

15. JEAN DE PRESSY, conseiller du duc, receveur d'Artois, puis receveur général des finances en 1406, gouverneur des finances du duc, puis du roi en 1420, anobli par lettres de 1400, expédiées en 1403, après information de ses biens et de ceux de sa femme, le 27 janvier 1400, et de ceux d'Etienne de Pressy d'Ogecourt, sans doute son fils, du 18 octobre 1403 (C. P.). Son sceau porte : *un sautoir bretessé, accompagné de quatre trèfles* [4].

16. 1402. Lettres de confirmation de noblesse pour JEANNE COURTOT, veuve de JEAN DE GRAY, ancien sergent d'armes et valet

[1] B 1385.
[2] B 1385.
[3] B 304.
B 304.

de chambre du duc de Bourgogne et du comte de Charolais, reconnu par enquête *noble homme de par père*. Jean de Gray était mort au voyage de Hongrie. Son sceau porte : *une tête de Maure bandée, accompagnée en chef d'une croisette patée à dextre, et d'une molette d'éperon à senestre ; et en pointe également d'une molette d'éperon*[1]. Vérifiées à la chambre des comptes par arrêt du 30 mai 1402. — Voy. n° 21.

17. 19 avril 1403. Lettres de noblesse pour PIERRE FAQUIER, de Lons-le-Saulnier, peut-être parent d'Etienne Faquier ou Fauquier, de Poligny, écuyer d'écurie du duc, dont le sceau porte : *une croix ancrée*[2]. (C. P. rendue à la chambre des comptes de Dôle en 1736.)

18. RENÉ DE MAILLY. Lettres de 1403, expédiées en 1404 (C. P.).

JEAN SANS PEUR

(1404 - 1419)

19. RICHARD DE CHANCEY, licencié en lois, mayeur de Dijon en 1403-1407, chef du conseil du duc en 1411, bailli de Dijon de 1412 à 1423, président de la chambre du conseil du duc de Bourgogne en 1426, président aux parlements de Beaune et de Saint-Laurent, et à celui de Paris, fut anobli tandis qu'il était maire de Dijon, par lettres de 1406, expédiées la même année (C. P.). Plusieurs des parents de Richard de Chancey ont occupé des charges de robe. Il portait : *trois pieds de cheval ferrés et montrant les fers, l'écu brisé d'une bordure*. — Voy. n° 22.

20. AUBRY BOUCHARD, de Poligny, licencié en lois, anobli par lettres données à Paris en avril 1409, après Pâques. (Copie ancienne[3].) En 1415, Aubry Bouchard est qualifié conseiller du duc, garde des chartes du comté.

21. 13 octobre 1409. Lettres de noblesse ou peut-être de confirmation pour GODARD DE GRAY, que nous soupçonnons parent de Jean de Gray, dont la veuve avait été maintenue peu auparavant dans sa noblesse. (C. P. rendue à la chambre des comptes de Dôle en 1736.) — Voy. n° 16.

[1] B 394 et 395.
[2] B 374.
[3] B 457.

22. 23 janvier 1409. Lettres de noblesse pour GUICHARD DE CHANCEY, de la même famille que Richard anobli en 1406. (C. P. rendue à la chambre des comptes de Dôle en 1736.) — Voy. n° 19.

23. GIRARD ROULIN, anobli par lettres de 1411, expédiées en 1412, qualifié chevalier, chambellan du duc et gouverneur de Pierre en 1433 (C. P.). Il était proche parent du chancelier Rolin, ce qui nous autorise à lui attribuer les mêmes armes : *d'azur à trois clefs d'or posées en pal.*

24. JEAN QUARRÉ, d'Argilly, échanson du comte de Nevers, Jean sans Peur, accompagna ce prince au voyage de Hongrie, fut fait prisonnier à la bataille de Nicopolis, et, rentré en Bourgogne, fut récompensé de ses services par des lettres de noblesse datées du 26 avril 1412 et enregistrées ou expédiées par la chambre des comptes le 1er septembre suivant (C. P.). Sa descendance s'est partagée en deux branches principales, celle des Quarré de Château-Regnaud, comtes d'Aligny, réhabilitée, comme nous le verrons, en 1615, et celle des seigneurs de Cerveault, la Palus, Verneuil, etc., toutes deux distinguées par leurs alliances et leurs services dans de hautes charges de robe et d'épée. Armes : *échiqueté d'argent et d'azur, au chef d'or chargé d'un lion léopardé de sable, armé, lampassé et couronné de gueules.* — Voy. n° 153.

25. 8 janvier 1416. Lettres de noblesse pour DROUOT MILET, de Jussey. (C. P. rendue à la chambre des comptes de Dôle en 1736.)

26. 3 juillet 1417. Lettres de noblesse pour HENRI LE CLERC, prévôt de Faucogney. (C. P. rendue à la chambre des comptes de Dôle en 1736.)

27. 18 avril 1418. Lettres de noblesse pour NICOLAS OISELET, que nous croyons originaire d'Arbois en Franche-Comté. (C. P. rendue à la chambre des comptes de Dôle en 1736.)

28. JEAN FRAIGNOT, d'abord receveur de Chalon, puis receveur général de Bourgogne, maître aux comptes en 1429, élu sur le fait de l'aide de 12,000 fr. accordée au duc par le bailliage d'Amont en 1431, fut anobli par lettres données à Paris le dernier août 1418, et expédiées en la chambre des comptes le 3 novembre suivant, moyennant une finance de six vingt livres. Ces lettres constatent qu'il était fils de Jean Fraignot et d'Amé-

dée, fille de feu Guy Berey de Chaigny, qualifié noble. (Copie du 3 novembre 1418 [1].) L'*Armorial de la chambre des comptes* donne à Jean Fraignot les armes suivantes : *de gueules, à un frêne d'argent surmonté d'une étoile d'or*, mais son sceau conservé aux archives de la Côte-d'Or [2] porte *un chevron accompagné en chef de deux croisettes et en pointe d'une étoile ou coquille.*

29. On trouve dans l'*Armorial de la chambre des comptes*, et dans Labarre [3] la mention des lettres de noblesse accordées en 1418 moyennant une finance de 200 francs à Jean de Noident, successivement conseiller du duc et chambellan du comte de Charolais en 1411, receveur général du duché et du comté, trésorier général de toutes les finances du duc, châtelain des châteaux de Saint-Seine-sur-Vingeanne et de Saulx, gouverneur général des monnaies du duché en 1422, maître aux comptes en 1428, maître d'hôtel, bailli de Dijon par lettres du 14 octobre 1428, gardien de l'ordre de la *Toison d'Or*. Il fut inhumé dans la Sainte-Chapelle de Dijon où l'on voyait sur une vitre du chœur ses armes et celles de Guyotte de la Perreulx, sa femme. Il portait : *de gueules, à six chevrons d'or alaisés, posés 2, 2 et 2.*

PHILIPPE LE BON

(1419-1467)

30. Regnault de Thoisy, conseiller du duc, receveur général de Bourgogne en 1413, et son frère Laurent de Thoisy, gruyer des bailliages de Dijon, Auxois et la Montagne, échanson du duc en 1420, furent anoblis en 1422 (C. P.). Ils étaient fils d'Henry de Thoisy, conseiller du duc, conseiller au parlement de Beaune en 1402, et petits-fils de Regnault, receveur d'Autun et de Montcenis en 1399. Un de leurs frères, Jean, devint évêque d'Auxerre, puis de Tournai, et chancelier de Bourgogne. La descendance de Laurent qui n'a pas cessé de tenir un rang distingué dans la noblesse de Bourgogne, compte un amiral de cette province en 1467. Elle subsiste encore. Armes : *d'azur à trois glands d'or*. Le sceau de

[1] B 457.
[2] B 1380.
[3] *Mémoires pour l'Histoire de Bourgogne*, p. 103.

Regnault portait en outre *une bordure* et celui de Laurent *un croissant en abyme*, comme brisure [1]. — Voy. n° 248.

31. Jean de Plaines, trésorier de Dôle en 1390, puis maître général des monnaies du duché de Bourgogne, anobli par lettres données à Dijon en juin 1422, moyennant 50 livres de finance, et expédiées en 1436 seulement (C. P. [2]). Sa descendance s'est divisée en plusieurs branches, dont l'une a fourni deux présidents au parlement de Bourgogne. Armes : *de gueules, à la fasce d'argent, accompagnée de trois grelots de même rangés en chef.* Le sceau de Girard de Plaines, en 1458, porte : *un chef chargé de trois grelots.*

32. Jacques Ryvier, alias Naulot, sommelier de l'échansornerie de Philippe le Bon, anobli par lettres datées de Dijon le dernier octobre 1422, qu'il ne fit vérifier qu'en 1454, avec dispense de finance accordée par le duc en considération de ses bons services [3]. Nous le croyons originaire de Franche-Comté, et sans doute parent de Pierre Naulot, clerc, licencié en lois, conseiller de Philippe le Bon. (C. P. rendue à la chambre des comptes de Dôle en 1736.)

33. 7 octobre 1423. Lettres de noblesse pour Jean de Terrant, conseiller et maître des requêtes de Philippe le Bon, originaire de Bellevesvre, et ses frères Poly et Jean, moyennant une finance de 100 francs [4]. Son sceau porte : *un pal et une bordure endenchée* [5]. Poly de Terrant était trésorier de Dôle en 1429. (C. P. rendue à la chambre des comptes de Dôle en 1736.)

34. Annot ou Amiot Arnault, écuyer, seigneur d'Origny et de Bellevault, successivement receveur du Châlonnais en 1373, receveur général de Bourgogne en 1381, élu sur le fait de l'aide de 30,000 francs accordée au duc par les Etats en 1399, enfin maître aux comptes en 1406, fut maintenu dans sa noblesse à charge de payer 10 livres tournois de rente, par lettres données à Dijon le 12 janvier 1423, comme petit-fils d'Amiot ou Annot Arnault, qui avait été anobli quarante-cinq ans environ auparavant par le roi Charles. (Copie du 8 novembre 1424 [6].) L'*Armorial de la chambre des*

[1] B 1885 et 10417.
[2] Voy. aussi Labarre, p. 201.
[3] B 367.
[4] Labarre, p. 182.
[5] B 382.
[6] B 457.

comptes lui attribue les armes suivantes : *d'azur, au lion d'or, à l'étoile de même posée au premier canton*; mais sur son scel, conservé aux archives de la Côte-d'Or[1], on distingue *un aigle s'essorant et tenant un rouleau ou quelque autre objet qu'il soulève à ses pieds.*

35. Jean Mairet, receveur des aides de Beaune et de Nuits, anobli en 1424 (C. P.), avait prêté serment comme receveur le 5 février 1422. Ne serait-ce pas le même personnage que Jean Mairet, écuyer, frère utérin du chancelier Rolin, qui fut institué, en 1429, gruyer de Chalon, Autun, Montcenis et Charolles? On retrouve ce même Jean Mairet, qualifié en outre seigneur de Mailly et de Château-Regnault, panetier, échanson et chambellan du duc Philippe-le-Bon, bailli de Charolais en 1435. Il fut élu de la noblesse aux Etats de 1454, et son sceau portait : *trois lances en pal, la pointe en bas.*

36. Aymonnin Jolyot, chambellan de Philippe le Bon, anobli en 1424 (C. P.). Les Jolyot de Crébillon se disaient de la même famille. Le père du poète tragique, Melchior Jolyot, seigneur de Crébillon, greffier en chef de la chambre des comptes de Dijon en 1695, portait : *d'azur, à l'aigle d'or portant en son bec un lis au naturel feuillé et soutenu d'argent.*

37. 14 juin 1425. Lettres de noblesse pour Jean Vincent de Poligny, demeurant à Salins, le même sans doute qui devint conseiller du duc le 9 août 1443, et que nous croyons fils de Thibaut Vincent de Poligny, receveur de Rochefort, mort avant 1428, et parent de Guyot Vincent de Poligny, prévôt de Mouront, et garde du château de Valampotierret, en 1421. (C. P. rendue à la chambre des comptes de Dôle en 1736.)

38. Guillaume Le Changeur, conseiller du duc, maître des requêtes de l'hôtel, auditeur d'appeaulx pour l'expédition des causes criminelles, par lettres du 18 février 1417, fut anobli en 1425. Il était fils de Millot Le Changeur, de Beaune. Le duc lui donnait 100 francs de pension. (C. P.)

39. Jean Bonfeal, avocat du duc au bailliage de Dijon, anobli en 1427, moyennant une finance de 40 francs (C. P.), était fils de Jean, conseiller du duc en 1407. Son fils et son petit-fils Pierre

[1] B 1384.

remplirent les fonctions d'avocat du duc au grand conseil, à la chambre des comptes et aux parlements de Beaune et de Saint-Laurent. Pierre, seigneur de Solon, Barges, etc., etc., fut le premier avocat général près le parlement de Bourgogne, après l'organisation de cette compagnie par Louis XI. Armes : *d'azur, à fasce d'or, accompagnée de trois têtes de léopard de même.* Le sceau d'Amé Bonffeaul, lieutenant du bailli de Chalon, en 1367, porte simplement : *trois têtes de léopard* [1].

40. Lettre d'anoblissement du 2 septembre 1428 (C. P.), pour Guillaume Courtot, issu par sa grand'mère de noble lignée. Successivement clerc des comptes en 1398, auditeur en 1406, maître en 1407, pourvu en 1412 de la charge d'élu du duc aux Etats de Bourgogne, charge dont il fut le premier titulaire, Guillaume Courtot fut enfin nommé en 1418, premier maître, c'est-à-dire président de la chambre des comptes, en l'absence de Jean Chousat, et mourut en 1439. Il était fils de Philippe Courtot, procureur du duc au bailliage de Dijon, dont le sceau porte : *un croissant accompagné de trois étoiles à six rais posées 2 et 1* [2].

41. Dôle, décembre 1428. Lettres de noblesse pour Guy Lovaton, de Quingey, bachelier en lois. (C. P. rendue à la chambre des comptes de Dôle en 1736)

42. Autun, mars 1428. Lettres de noblesse pour Pierre Fosseur, de Lons-le-Saulnier. (C. P. rendue à la chambre des comptes de Dôle, en 1736.)

43. Peu avant 1429. On trouve à cette date un rôle d'impôts de Châtillon-sur-Seine avec la mention de Guibert Symonin, naguère anobli. C'est sans doute le père de Jean Symonin, écuyer, commis au gouvernement du bailliage de la Montagne en 1437.

44. Jean Perrot, anobli vers 1429, est qualifié conseiller du duc en 1402, et receveur du domaine de Dijon en 1411. Son sceau porte : *un léopard.* On ne trouve mention de cet anoblissement que dans un rôle de feux de 1429.

45. Humbert Coustain, sommelier de corps et valet de chambre de Philippe le Bon, anobli par lettres de novembre 1430, moyennant

[1] B 345.

[2] B 390. Auteur des Courtot de Cissey qui portent : *de gueules, à la licorne d'argent, surmontée de trois étoiles.*

une finance de 200 francs [1] (C. P.). De la même famille que Jean Coustain, anobli en 1448. — Voy. n° 67.

46. Antoine Gaudry, secrétaire du duc Philippe le Bon, anobli par ce prince en récompense des services qu'il avait rendus à son père, à sa compagne, Bonne d'Artois, et à ses enfants, Charles et Jean, comtes de Nevers et de Réthel. Lettres datées d'Hesdin, le 21 mai 1431, expédiées par la chambre des comptes le 16 janvier suivant, moyennant une finance de 60 livres tournois. (Copie du 16 janvier 1431 [2].) Antoine Gaudry, qui fut greffier des auditeurs d'appeaulx, avait épousé la fille de Jean Quinot, grenetier de Beaune. Son fils Jean, aussi secrétaire du duc, assista aux journées de Montlhéri, Dinan, Liége et obtint en 1477 une sentence de la chambre des comptes qui le déchargeait des marcs de Beaune. Un de ses descendants, Pierre-Anne Gaudry du Bost, seigneur du Bost, vota avec l'ordre de la noblesse du bailliage d'Autun, en 1789. Armes : *d'azur, au chevron d'or, accompagné de trois moutons d'argent.*

47. Lettres de noblesse, en 1433, pour Oudot Malain, garde de la monnaie de Chalon, fils de Jean Maire, dit *Molain*, chaudronnier à Dijon, dont il conserva le surnom en l'altérant pour se rattacher à la famille éteinte des anciens sires de Mâlain. (C. P.) Sa descendance, alliée aux plus nobles maisons de France, a occupé de hautes charges militaires. Les deux barons de Lux, fameux par leurs duels avec le chevalier de Guise, étaient de cette famille. Armes : *d'azur, au sauvage d'or, tenant en sa main une massue élevée, parti de gueules au lion d'or.*

48. Jean de Jenlys, anobli en 1433. On trouve un personnage du même nom était receveur du bailliage de Chalon, qualifié bourgeois de Chalon dans un rôle de feux de cette ville en 1442, et qui est porté dans un semblable rôle pour l'année 1461, comme exempt des impositions, *par lettres du duc et des habitants de Chalon* (C. P.).

49. Jean Costereaul, conseiller et médecin de Philippe le Bon, anobli en février 1434 moyennant une finance de 100 francs (C. P.) [3].

50. Philibert Royer ou Rohier, d'Autun, clerc, licencié ès-lois,

[1] Labarre, p. 225.

[2] B 457.

[3] Labarre, p. 188.

conseiller du duc Philippe le Bon et son procureur aux siéges de Nuits et de Beaune en 1427, anobli par ce prince avec GUILLEMETTE, sa femme, par lettres données à Dijon en février 1434 (C. P.). C'est l'auteur des Royer de Saint-Micault, qui obtinrent en 1667 des lettres confirmatives de noblesse, dont nous parlerons plus loin. Armes : *d'azur, au lion d'or, accompagné de trois étoiles de même*[1]. — Voy. n° 255.

51. JEAN MOREAU, conseiller du duc Philippe le Bon, gouverneur de la chancellerie, mort en 1438, fut anobli par lettres données à Dijon le 14 mars 1434, avec damoiselle SIMONE, sa femme, moyennant une finance de 50 francs[2].

52 LÉONARD OU LIÉNARD DUCREST, citoyen d'Autun, clerc des comptes en 1446, puis auditeur en 1457, fut anobli par lettres de juin 1435, données à Semur (C. P.). On lui connaît deux fils : Drouin, clerc des comptes, puis maître aux honneurs[3] en 1473, et Etienne, clerc et auditeur des comptes en 1471.

53. PIERRE BERBIS, seigneur de Marliens, conseiller du duc en 1430, lieutenant du chancelier de Bourgogne, vicomte mayeur de Dijon en 1435, maître des requêtes en 1447, prit part aux négociations du traité d'Arras et fut anobli par lettres données à Arras le 7 octobre 1435, pour considération *de ses bons et notables services*, et de ce qu'il était *notable homme*, vivant *notablement et en grand honneur en la ville de Dijon*. Malgré l'éminent mérite de Pierre Berbis, la chambre des comptes refusa pendant longtemps d'enregistrer ses lettres de noblesse et n'y consentit que sur lettres de jussion, le 24 janvier 1443 (C. P.)[4]. Pierre Berbis appartenait à une ancienne famille de Seurre. Sa descendance, divisée en plusieurs branches, toutes éteintes, a eu de belles alliances et a occupé des charges importantes dans l'église, la robe et l'épée. Armes : *d'azur, au chevron d'or, accompagné en pointe d'une brebis d'argent*. — Voy. n°s 165, 332 et 333.

54. Dernier janvier 1435. Lettres de noblesse pour JAQUOT

[1] Labarre, p. 186.
[2] Labarre, p. 184.
[3] On appelait ainsi des officiers surnuméraires qui entraient à la chambre, sans toucher de gages le plus souvent et avaient l'expectative de la première charge vacante.
[4] Labarre, p. 187.

Martin, seigneur de Bretenières, qui avait été retenu gentilhomme de la chambre du duc Philippe par lettres du 25 mars 1431. Il fut élu du roi aux Etats de 1483 et laissa deux fils, l'un Jean, valet de chambre, sommelier et conseiller du duc de Bourgogne; l'autre, Philippe, élu du roi en 1484, maître d'hôtel, maire de Dijon, etc., auteur des Martin de Choisey. Armes : *d'argent, à trois perdrix de sable, au chef de sable, chargé de trois coquilles du champ.* — Voy. n° 2.

55. On voit par un acte de 1410 qu'Antoine et Oudot Labouquet, frères, anoblis par lettres datées de Lille le 12 mars 1436, moyennant 150 livres de finance, étaient fils de feu Luquot Laboquet ou Labouquet, fruitier de feue Madame de Bourgogne, mère du duc régnant Jean sans Peur, et que dès l'année 1404, ce même Luquot avait été exempté de tous subsides à Dijon, pendant six ans, par lettres du duc (C. P.). Quant à Antoine, on le trouve qualifié écuyer de cuisine de la duchesse en 1429, du duc en 1435. On trouve en outre Gérard Labouqué, prévôt de Châtillon en 1358. — Voy. n° 117.

56. Girard de Fraisans ou Frazans, dit Bauvalot, originaire du comté de Bourgogne, anobli en 1437 (C. P.). Sa postérité a fourni plusieurs vicomtes mayeurs de Dijon et des officiers à la chambre des comptes et au bureau des finances de cette ville. Lettres confimatives en 1513. Armes : *d'or, au cerf de gueules, sommé sans nombre.* — Voy. n° 111.

57. 17 avril 1438. Lettres de noblesse pour Thibault de Billère. (C. P. rendue à la chambre des comptes de Dôle en 1736.)

58. Nicolas Bastier, conseiller et avocat du duc au bailliage de Dijon, anobli en 1440 (C. P.), eut pour fils Etienne Bastier, également conseiller du duc et maire de Dijon en 1475. Sa descendance a possédé pendant assez longtemps la seigneurie de Magny-sur-Tille.

59. Pierre Mariot ou Marriot, conseiller du duc, général maître des monnaies de Bourgogne en 1459, maire de Dijon en 1464 et 1474, anobli par lettres du duc données à Dijon le 2 août 1443, moyennant une finance de 40 francs (C. P.)[1], était sans doute fils

[1] Labarre, p. 193.

d'Etienne Mariot, échevin de Dijon en 1416. En 1470, on le trouve qualifié de portier de la porte Guillaume. — Voy. n° 63.

60. Lancelot le Robert, seigneur de la Tour de Pancy et en partie d'Arnoux, secrétaire du duc de Bourgogne, châtelain de Pontailler, Montréal et Châtel-Girard, anobli en 1445, par le duc et par le roi de France, mourut assassiné par sa femme. Ses descendants rentrèrent plus tard dans ses biens, dont ce crime avait provoqué la confiscation (C. P.). — (Arch. de l'hôtel-de-ville de Dijon.)

61. 19 octobre 1445. Lettres de noblesse pour Claude Barillet, d'Orgelet. (C. P. rendue à la chambre des Comptes de Dôle en 1736.)

62. 20 décembre 1445. Lettres de noblesse pour Perrin Joffroy, de Luxeuil, père du cardinal Jean Jouffroy, évêque d'Arras et d'Alby, et auteur des Jouffroy de Blettrans, d'Uxelles, de Gonsans, marquis de Novillars et d'Abans, l'une des maisons les plus considérables de la Franche-Comté. (C. P. rendue à la chambre des Comptes de Dôle en 1736). Armes : *fascé de sable et d'or, la première fasce chargée de deux croisettes d'argent.*

63. Jean Mariot ou Marriot, anobli par lettres de 1446, était sans doute frère de Pierre Mariot, plus haut nommé (C. P.). — Voy. n° 59.

64. Jean Grignart, de Beaune, fut deux fois maire de sa ville natale, en 1440 et en 1452. Pendant son premier majorat, il soutint la ville et ses droits contre les prétentions du capitaine préposé à sa garde, et en 1452 il se trouva en concurrence avec Pierre Clémerce, qui devait comme lui recevoir des lettres de noblesse. Quant à celles de Jean Grignart, elles sont datées de 1447 (C. P.). Il était licencié en lois, et nous le retrouvons en 1455 qualifié conseiller du duc de Bourgogne.

65. Lettres de noblesse données à Lille en janvier 1448, pour Jean et Huguenin Foucault, de Flavigny, frères, le premier sommelier de l'échansonnerie, le second aide du sommelier de bouche du duc. (C. P.)

66. Jean Jacquelin, seigneur d'Esparnay, conseiller et maître des requêtes de l'hôtel du duc en 1449, remplissait en même temps les fonctions de juge royal et garde du scel du bailliage de Mâcon; il avait été anobli dès l'année précédente, par lettres données à Au-

tun en juillet 1448 (C. P.), moyennant une finance de 50 livres[1]. Il devint gouverneur de la chancellerie du duché en 1467, président du parlement et chef de la chambre du conseil en 1477. Il était sans doute fils de Jean Jacquelin, conseiller du duc, auditeur d'appeaulx, mort en 1427. Armes : *de gueules, au chevron d'or, accompagné de trois étoiles de même*. Le sceau d'un de ses parents, Laurent Jacquelin, conseiller du duc, lieutenant général du gruyer au bailliage de Dijon, en 1463, porte : *une fasce, accompagnée en chef de trois étoiles, et en pointe d'un chevron*[2].

67. Jean Coustain, anobli en 1448 (C. P.), sans doute parent d'Humbert Coustain, anobli en 1430. (Voy. n° 45.) C'est le même personnage que l'on trouve qualifié vers le même temps premier sommelier de corps et valet de chambre du duc de Bourgogne, seigneur de Navilly et de Bretenières, et qui fut supplicié vers 1463, *pour ses démérites*[3]. Jean Costain ou Costemin, châtelain d'Argilly en 1424, portait : *un château à trois tours*.

68. Pierre de Chapes, originaire de Flavigny, clerc des offices de la duchesse en 1417, anobli en 1453, était sans doute parent de Martin de Chapes, clerc des Comptes en 1414 (C. P.). Nous ne savons s'il existait quelque rapport de parenté entre ces deux personnages et Jean de Chappes, chevalier, gruyer de Bourgogne en 1412, qui portait : *d'azur, à la croix fleurdelisée d'or*. — Lille, 9 février 1453.....

69. Pierre Ranvial, lieutenant du bailli de Dijon au siége de Beaune en 1486, avait été anobli dès l'année 1454 (C. P.). Il avait un frère nommé Jean, avec lequel il habitait Beaune en 1448. Nous le croyons fils de Jean Ranvial, grenetier de Beaune en 1427, ou de Guillaume, maire de cette ville en 1428 et 1435, et parent de Huguenin, châtelain de Talant en 1410, dont le sceau portait : *un chevron, accompagné de trois cors ou cornets enguichés, avec une étoile en abyme*. — Lettres données à Dijon en janvier 1454....

70. Gerard de Siceroy, anobli par lettres de 1455. (C. P.)

71. Bruxelles, septembre 1457. Lettres de noblesse pour Guillaume Grospain, receveur d'Ornans. (C. P. rendue à la chambre des comptes de Dôle en 1736.)

[1] Labarre, p. 196.
[2] B 10421.
[3] Il avait tenté d'empoisonner Charles le Téméraire.

72. Jean Maire, conseiller du duc, receveur des aides à Autun, anobli par lettres données à Bruxelles le 15 juin 1458. (C. P.)

73. Pierre Doyen, châtelain et receveur de Montcenis, est sans doute le même que l'on trouve en 1430 commis, avec plusieurs autres hommes d'armes, à la garde du châtel de Montcenis. Noble homme Philibert Doyen en 1474, et plusieurs autres membres de cette famille au XVIe siècle, possédaient des fiefs dans les bailliages d'Autun et de Montcenis. — Lettres données à Arras en septembre 1458. (C. P.)

74. Jean le Baut, seigneur en partie de Gergy en Chalonnais, anobli par lettres données à Autun en janvier 1458. (C. P.) Sa noblesse fut confirmée par Philippe le Bon, lorsqu'il lui fit hommage, en 1462, de son fief dit le Meix-Bertaud, situé au même lieu de Gergy.

75. Lettres données à Bruxelles le 10 mars 1458, portant déclaration et confirmation de noblesse pour Guiot du Champ, receveur général de toutes les finances. Le requérant avait exposé qu'il était noble et attrait de noble lignée *à cause et par les moyens* de feu noble homme Costain du Champ, maître veneur du duc Eudes, de Gauthier son fils, de Jehan, dit Costain, et d'Étienne du Champ, ayeul et père dudit Guiot, tous lesquels avaient bien et loyalement servi les ducs de Bourgogne, entre autres son père, dans la compagnie des seigueurs de Cottebrune et de Toulongeon, et lui-même dans celle du comte de Charny avant d'avoir été nommé receveur général. Le père de Guiot s'était retiré dans sa maison du Champ, puis à cause des guerres à Beaune, où les maire et échevins ayant voulu le comprendre au rôle des aides, celui-ci avait dû recourir au duc pour se faire maintenir dans ses priviléges (R. C. le 17 avril 1459). — Du Champ, en France : *d'azur, à deux étoiles d'or en chef, et un croissant versé d'argent en pointe.* Attribution incertaine. Voy. n° 86.

76. Jean Petit, alias Taupin, de Bourbon-Lancy, anobli par lettres données à Bruxelles le 4 février 1459, avec Alix Morel, sa femme, pour services rendus tant par lui que par ses ancêtres aux ducs et aux États de Bourgogne (C. P.). Il était petit-fils d'Antoine Petit, alias Taupin, qualifié écuyer, homme d'armes dans un arrière-ban de 1353. Sa descendance a fourni des maîtres des comptes, des receveurs généraux des finances en Bourgogne et des officiers de divers grades. Armes : *d'azur, au lion d'or.*

77. MONGIN CONTAULT, seigneur de Mimeure-lèz-Arnay-le-Duc, clerc du conseil et des comptes, auditeur en 1459, maître ordinaire en 1470, greffier en chef du parlement, et enfin, président en la chambre des comptes, fut anobli en 1460 (C. P.). Il eut un fils conseiller au parlement. Son frère Pierre, conseiller du duc Charles, vicomte-mayeur de Dijon en 1504-1507, ne laissa lui-même qu'un fils qui devint maître des comptes en 1543 après avoir exercé quelque temps la charge de greffier des États de Bourgogne. Armes : *d'azur, à la fasce d'or, chargée d'un croissant de gueules, et accompagnée de trois besants d'or en chef et de deux coquilles de même en pointe.* Ses lettres de noblesse sont datées de Bruxelles en novembre 1460.

78. GIRARD REGNAUT, NICOLAS LE JAUL et JEAN GERMAIN, anoblis simultanément par lettres de 1461 (C. P.). Nous ne connaissons de ces trois personnages que leurs relations de proche parenté avec Jean Germain, originaire de Cluny, d'abord évêque de Nevers, puis de Châlon, un instant doyen de la Sainte-Chapelle, et enfin, chancelier de la Toison d'Or, mort le 2 février 1460. Cette parenté est constatée par l'acte de partage en 1460 des biens de l'évêque de Châlon, récemment décédé, entre Pierre et *Jean* Laurendeaul, *alias* Germain, *prochains parents* du côté paternel et maternel, *Girard Regnaut* et *Bequette* sa sœur, femme de M. *Nicolas le Jaul, prochains parents* du côté maternel. Le sceau de Jean Germain, évêque de Châlon, porte : *une fasce accompagnée de trois étoiles à six rais* [1]. En 1473, on trouve parmi les vassaux du siége épiscopal de Châlon, Girard Regnaut, qualifié chanoine et archidiacre de cette église.

79. Expédition par la chambre des comptes, en 1467, des lettres de confirmation de noblesse accordées par le duc, le 23 mai 1461, après information, à RICHARD THIBRAN, écuyer, libellance de la cour du bailliage de Dijon, comme noble d'origine tant du côté paternel que du côté maternel [2]. Ce Richard Thibran était sans doute issu de Hugues, clerc et juge de Beaune et de Nuits. Sa descendance a possédé pendant quelque temps la seigneurie de la Borde-Montmançon près Pontailler.

80. Saint-Quentin, août 1461. Lettres de noblesse pour LOUIS

[1] Le champ est d'azur, les meubles d'or.
[2] B 860.

Thodiem, de Dôle (C. P. rendue à la chambre des comptes de Dôle en 1736).

81. Antoine le Noble, de Châlon, anobli en 1462 (C. P.), avait été commis pour trois ans, en 1445, à l'exercice de la chatellenie de cette ville. Il descendait sans doute de Guillaume le Noble, de Châlon, licencié ès lois, bailli d'Aval en 1391, dont le sceau porte *trois quintefeuilles* ou *trois annelets formés de besants*. Ses descendants ont possédé pendant longtemps la seigneurie de Cruzilles en Châlonnais.

82. 1462 (C. P.). Exemption des aides par le duc de Bourgogne pour M. Étienne de Goux, maître des requêtes de son hôtel. Étienne de Goux avait précédemment rempli les fonctions de secrétaire de Philippe le Bon en 1449 ; on le trouve lieutenant du bailli d'Autun en 1466, avocat général à la chambre des comptes en 1474. Il mourut à Châlon l'année suivante, ne laissant que deux filles. Son frère, Pierre de Goux, conseiller, chambellan de Philippe le Bon, ambassadeur au concile de Bâle, avocat général aux comptes, et enfin, chancelier de Bourgogne en 1465, laissa plusieurs enfants dont les descendants ont fait de grandes alliances. C'est à tort que Moréri fait venir cette famille d'Angleterre et qu'il la confond avec les le Goux de la Berchère. Armes : *de sable au lion d'or*.

83. Barthélemy Marin, de Mâcon, anobli par lettres données à Bruxelles en août 1462 (C. P.), était sans doute fils de Pierre Marin, receveur particulier de cette ville en 1426. Les Marin de Montmartin, en Bourgogne et Vendômois, portent : *d'azur, à la fasce d'or, accompagnée en chef de trois croissants d'argent, rangés en fasce, et en pointe d'un coq de sable becqué et membré de gueules*.

84. Henri Bouchet, licencié en lois, conseiller du duc, lieutenant du bailli d'Aval en comté, anobli par lettres du duc données à Bruxelles en juillet 1462, moyennant 60 livres estevenans de finance [1]. Sans doute parent de Pierre Bouchet, lieutenant du châtelain de Poligny, écuyer, fils d'Aymonne en 1421, dont le sceau porte : *un chevron accompagné de trois besants ou tourteaux* [2] (C. P. rendue à la chambre des comptes de Dôle).

[1] Labarre, p. 198.
[2] B 875.

85. Pierre Clémencey ou Clémence, maire de Beaune en 1451 et 1452, maître des requêtes de Philippe le Bon, anobli par lettres données à Bruxelles en décembre 1465 [1] (C. P.).

CHARLES LE TÉMÉRAIRE

(1467 - 1477)

86. Avant-dernier novembre 1468. Lettres de noblesse pour Guiot du Champ, de Dôle, qui fut institué changeur dans cette ville en 1435, et que nous croyons parent de Guiot du Champ, reconnu noble en 1458 (C. P. rendue à la chambre des comptes de Dôle en 1736). Voy. n° 75.

87. Jean le Maire, seigneur de la Bondue, procureur fiscal aux bailliages d'Autun et de Montcenis, anobli par lettres de 1469 (C. P.), devint procureur général du duc Charles dans le duché et le comté de Bourgogne, et continua à exercer cette charge après la réunion du duché à la couronne. Sa famille était originaire de Bligny-sur-Ouche et a produit au xvie siècle un président du bureau des trésoriers de France à Dijon. Armes : *d'or, à deux fouets mis en pal et adossés d'azur ; au chef de même chargé de deux étoiles d'or à six rais.*

88. Jacques Bernard, de Montcenis, anobli en 1470 (C. P.), est l'auteur des Bernard de Montessus-Balore et Montessus-Rully, qui tiennent dans la noblesse bourguignonne un rang distingué par leurs alliances et leurs services militaires. Armes : *d'azur, au chevron d'or, accompagné de trois étoiles d'argent.*

89. Pierre Maire, de Cussy-les-Forges. 1470 (C. P.).

90. Jean Magnin, anobli en 1472 (C. P.).

91. 20 novembre 1472. Lettres de noblesse pour Gérard de Lisle, d'Arbois (C. P. rendue à la chambre des comptes de Dôle en 1736).

92. Guillaume Daubenton, licencié en lois, conseiller et avoca du duc au bailliage d'Auxois, anobli par lettres de 1472 (C. P.), moyennant 50 livres de finance, était issu d'une ancienne famille, originaire de Montbard et partagée depuis en plusieurs branches.

[1] Labarre, p. 196.

L'une d'elles, restée à Montbard, a fourni quatorze châtelains et neuf maires à cette ville. C'est de cette branche qu'est sorti le modeste et laborieux collaborateur de Buffon. Armes : *d'azur, à trois peignes d'or.*

93. Perrenot Bernard, de Saint-Aubin. Dijon, 7 février 1473 (C. P.).

94. Huguenin Margueron, anobli en 1473 (C. P.), était sans doute fils de Jean Margueron, secrétaire du duc Philippe le Bon, et père de Guy Margueron, seigneur du Champ, avocat général au parlement de Bourgogne sous Louis XI, et de Sébastien Margueron, docteur en droit, qui comparut comme gentilhomme à la convocation de l'arrière-ban du Dijonnais en 1507. Armes : *de sable, au rencontre de cerf d'or, brochant sur un chef d'argent chargé d'une marguerite de gueules, tigée et feuillée de sinople.*

95. Lettres de noblesse données à Luxembourg, en septembre 1473, expédiées et registrées à la chambre des comptes de Dijon le 26 août 1474, moyennant une finance de quarante livres estevenans, pour Jean de Chavirey, originaire de Salins, licencié en lois et en décret, conseiller et maître des requêtes de l'hôtel du duc de Bourgogne, et déjà allié par mariage à une famille noble. (Copie du 24 janvier 1475 [1] — C. P. rendue à la chambre des comptes de Dôle en 1736). Jean de Chavirey assista comme conseiller aux parlements de Beaune et de Saint-Laurent en 1474. Parmi ses descendants on compte plusieurs co-gouverneurs de Besançon. Lettres de chevalerie en 1551. Armes : *d'azur, à la fasce d'or, accompagnée de trois feuilles de houx d'argent.*

PÉRIODE ROYALE

(1477 - 1789)

LOUIS XI

(1477 - 1483)

96. Nicolas Corbeton, de Dijon, anobli en 1477 (C. P.). Ne serait-ce pas le même que Nicolas de Courbeton, chevaucheur de

[1] B 457.

l'écurie du roi en 1485, qui figure en 1488 dans un rôle des feux de Dijon avec un trait sur le mot *noble* que le scribe avait ajouté à son nom ? On trouve des Corbeton maires de Beaune, châtelains de Saint-Romain, de Beaune et de Pommard aux XIVe et XVe siècles. Nicolas de Courbeton, écuyer, gruyer de Dijon, Chalon et Autun en 1381, portait dans son sceau *deux bars* ou autres *poissons adossés*.

97. Guillaume de Maret de la Tanière, anobli en 1479 (C. P.).

98. Jean Martinot, d'Avallon, fut anobli par lettres du mois d'août 1479 dans lesquelles le roi Louis XI l'appelle *son hoste*, parce qu'il avait logé chez lui pendant son séjour à Avallon et avait reçu de lui *plusieurs bons services*. Il fut en outre nommé échanson du roi (C. P.) [1].

CHARLES VIII

(1483 - 1498)

99. Richard Macheco, petit-fils de Jean Macheco, originaire de Nuits, successivement fourrier des troupes du roi, grenetier au grenier à sel de Dijon en 1485, puis maître aux comptes en 1494, fut anobli en 1484, en récompense des services qu'il avait rendus à Louis XI (C. P.). Sa famille a fourni un grand nombre de conseillers au parlement de Bourgogne, des dignitaires ecclésiastiques, etc. Armes : *d'azur, au chevron d'or, accompagné de trois têtes de perdrix arrachées de même*. Voy. n° 147.

100. Laurent Blanchard, clerc des comptes, maître aux honneurs, puis maître ordinaire le 12 août 1477, honoraire en 1497, reçut des lettres de noblesse en 1487 (C. P.). Il portait : *d'azur, au chevron d'or, accompagné de trois merlettes d'argent*.

101. Catherine le Boiteux, veuve de Jean George, conseiller du roi à Dijon, reconnue noble, elle et ses descendants, en 1493, comme fille d'Alexandre le Boiteux et de Jeanne Bonffeaul, celle-ci fille elle-même de Jean Bonffeaul, conseiller du duc et par lui anobli en 1427 [2] (Arch. de l'hôtel de ville de Dijon). La veuve d'Alexandre le Boi-

[1] Voy. aussi B 457.

[2] Ne pourrait-on pas induire de ce fait qu'au XVe siècle on a tenté d'introduire en Bourgogne la *noblesse utérine* alors usitée en Champagne ? Voyez aussi n° 123.

teux avait été exemptée des impositions par lettres du duc vers 1466. Armes des le Boiteux : *de gueules à deux béquilles d'or posées en sautoir*. C'était une ancienne famille de Viteaux.

102. Lettres de noblesse en 1494 pour Philibert Ravyet, d'abord châtelain et grenetier de Montbard, en 1466, puis clerc et auditeur des comptes en 1475 (C. P.). Jean Raviet, conseiller au parlement de Bourgogne en 1514, était sans doute son fils. On trouve en Bourgogne une famille du nom de Raviel qui portait : *d'argent, à la bande de gueules*.

LOUIS XII

1498 - 1515

103. Jean Aigneaul, vicomte-mayeur de Dijon de 1493 à 1504, fut anobli pendant son majorat en 1500 (C. P.).

104. Étienne Jacqueron, seigneur de la Motte-lès-Argilly, petit-fils de Pernot Jacqueron, qualifié bourgeois de Dijon en 1411, fut anobli en 1501 et remplit successivement les charges de conseiller maître et de président en la chambre des comptes en 1503 et 1525 (C.P.). Son fils et son petit-fils, tous deux nommés Bénigne, furent pourvus de semblables charges de présidents. Armes : *d'azur, à la fasce de pourpre, chargée d'un croissant d'argent, et accompagnée de trois roses de même*.

105. Pierre Dumay, de Beaune, seigneur de Gamay et de Saint-Aubin, sans doute fils de Jean Dumay, maire de Beaune en 1461, fut anobli en 1501 (C. P.). Sa descendance a fourni deux conseillers au parlement de Bourgogne, dont l'un fut reconnu noble en 1640 comme issu de Pierre, anobli en 1501. Armes : *d'azur, à un bâton noueux d'or, mis en fasce, accompagné en chef de trois sautoirs alaisés aussi d'or, et en pointe d'une hure de sanglier de même, armée d'argent*.

106. Dijon, mai 1501. Lettres de noblesse pour Jean Arbelot, procureur général au parlement de Bourgogne, en récompense de ses services dans l'exercice de cette charge et de celles de valet de chambre, notaire et secrétaire des rois Louis XI, Charles VIII et Louis XII (R. C. 5 août 1501 [1]). Dans plusieurs actes, Jean Arbelot

[1] Voy. aussi B 457.

est qualifié valet de chambre et épicier du duc Charles et de Louis XII. Celui-ci lui donnait en 1478 une pension de 200 livres. Armes : *d'azur, à quatre arcs d'or, cordés de sable, posés en pal, surmontés de trois étoiles du second.*

107. Blois, février 1502. Lettres portant anoblissement pour Claude le Marlet, habitant de Dijon, sur le compte favorable qui lui avait été rendu de sa vie et de ses mœurs, et en récompense de ses services (R. C. 5 mai 1503. — C. P.). Cette famille a fourni au xvie siècle un vicomte-mayeur et un bailli de Dijon.

108. Jean de la Haye, docteur en médecine à Dijon, reconnu noble en 1507 comme issu d'ancienneté de race noble, ainsi qu'il appert par lettres enregistrées à la chambre des comptes [1] (Arch. de l'hôtel de ville de Dijon.)—Simon Bretiau dit de la Haye, panetier du duc en 1387, portait : *deux cotices accompagnées de six étoiles à six rais, mises en orle* [2]. — Pierre de la Haye, écuyer tranchant du duc en 1387 : *trois fusées* [3]. — Jean de la Haye, en 1407 : *un lion tourné à senestre et chargé d'un écusson* [4]. — Jacques, écuyer en 1417 : *trois aigles ou alérions et une cotice brochant sur le tout* [5]. — Guillaume, en 1384 : *trois cerfs et une bordure endenchée.*

109. Lyon, juillet 1507. Lettres de noblesse pour Jean Poylleney et Amédée, son frère, en considération de leur vie louable, etc., etc. *Nos attendens vitam laudabilem, morum honestatem, et alia virtutum merita, quibus persone dilectorum nostrorum... decorantur et ornantur* [6] (R. C. 9 novembre 1508). Poinçot Poileney était procureur général d'Auxois en 1420.

110. Blois, octobre 1509. Lettres de noblesse pour Bénigne de Cirey, maire de Dijon, en récompense de ses services (R. C. 5 décembre 1509). Bénigne de Cirey avait été treize fois vicomte-mayeur de Dijon. Sa descendance a fourni un abbé de Citeaux et plusieurs conseillers au parlement. Armes : *d'azur, à deux lévriers rampants et affrontés d'argent, accolés de gueules, bouclés et cloués d'or.*

[1] Nous n'avons pas trouvé l'arrêt d'enregistrement.
[2] B 386.
[3] B 377.
[4] B 374.
[5] B 375.
[6] Cette phrase était en quelque sorte de style dans les lettres latines de cette époque.

111. 1513. Lettres de confirmation de noblesse pour N. DE FRAZANS issu de Girard de Frazans, anobli en 1437. Voy. n° 56.

112. Paris, avril 1514. Lettres portant anoblissement, à la supplication de l'évêque d'Autun, pour JEAN MILLOT, licencié en lois, bailli du temporel dudit évêque, *issu de bons et notables parents et lignée* (R. C. sans finance, sur l'ordre exprès du roi, le 11 juillet 1514). On trouve en Bourgogne, Millot : *d'azur, à deux épis de millet d'or passés en sautoir.*

FRANÇOIS Ier

(1515-1547)

113. Saint-Germain-en-Laye, mars 1527. Lettres de noblesse pour SÉBASTIEN DE RABUTIN, huissier de chambre de la reine, et CLAUDE DE RABUTIN, son frère, commis à la garde du château de Semur-en-Auxois, sur l'exposé que leur père nommé de son vivant Girard du Fardeau, quoique extrait, procréé et *donné* de la maison de Rabutin, n'avait osé en porter le nom et les armes qu'aujourd'hui Christophe de Rabutin, baron de Suilly, etc., leur permettait de prendre comme chef de sa maison, et connaissant *l'estoc et lignée* dont ledit Girard était descendu (R. C. 10 décembre 1528). Armes : *cinq points d'or équipolés à quatre de gueules.*

114. Confirmation de noblesse en 1530 en faveur de JEAN D'ESSOYE, dit NOBILITAS, seigneur de Bressey, capitaine du château de Dijon, comme descendant de Guillaume Nobilitas, de la ville d'Essoye, anobli par le roi en 1486 (Arch. de l'hôtel de ville de Dijon).

HENRI II

(1547-1559)

115. Lettres de noblesse en 1553 pour ÉTIENNE BERBISEY, conseiller au parlement, et pour ses deux frères GUILLAUME et CLAUDE, le premier, maître aux comptes, le second, lieutenant du bailli de Dijon (Arch. de l'hôtel-de-ville de Dijon). Famille considérable du parlement de Bourgogne. Armes : *d'azur, à la brebis paissante d'argent.* Voy. n° 123.

116. Fontainebleau, mai 1555. Lettres portant anoblissement pour Guillaume Goy, natif d'Yennes en Bugey (R. C. 9 juillet 1555).

117. Confirmation de noblesse en 1557 pour Catherine la Bouquet, veuve de Philippe Grostet, comme fille de Laurent et petite-fille d'Odot la Bouquet, anobli en 1436 (Arch. de l'hôtel de ville de Dijon). Voy. n° 55.

FRANÇOIS II

(1559 - 1560)

CHARLES IX

(1560 - 1574)

118. Boulogne, janvier 1571. Lettres de confirmation de noblesse pour Philibert Jaquot, premier président de la chambre des comptes de Bourgogne, seigneur de Magny et de Corcelles qui, à défaut de ses titres, brûlés trente ans auparavant dans l'incendie d'Auxonne, avait produit les vestiges de lettres d'anoblissement en vertu desquelles ses ancêtres avaient toujours été réputés nobles par les rois de France et qui leur avaient accordé permission de porter *un écu en champ d'azur, avec une barre et trois étoiles d'or, timbré d'une corneille au bec et pied rouge* [1] (R. C. 26 mars 1571). Cette famille a remplacé depuis *la barre* par *une fasce*. Elle s'est divisée en plusieurs branches considérables par leurs alliances et les hautes charges de robe et d'épée qu'elles ont occupées.

119. Paris, octobre 1572. Lettres portant anoblissement, à la sollicitation du duc d'Alençon, pour François Gentot, châtelain de Commarin, au bailliage d'Auxois, qui avait depuis plus de trente ans *suivi les guerres* (R. C. 8 janvier 1573). Armes probables : *d'azur, au lion d'argent lampassé et armé de gueules.*

120. Saint-Germain-en-Laye, février 1574. Lettres de noblesse pour Joseph Milletot, conseiller du roi, lieutenant en la chancellerie du bailliage d'Auxois, en récompense de ses notables services

[1] Ces lettres, attribuées par d'Hozier et Palliot au roi Robert le Pieux, ont paru justement suspectes aux critiques les plus autorisés.

(R. P. en même temps que celles de son fils Guy Milletot, le 17 juillet 1619. Voy. nº 161).

121. Vincennes, mars 1574. Lettres en faveur de BERNARD DESBARRES, pour le faire jouir du privilége de noblesse comme ses prédécesseurs, nonobstant que ses père et ayeul *par l'injure des guerres survenues à la réduction du pays de Bourgogne*, eussent été *contraints exercer marchandise et contribuer de leur temps aux tailles*. Desbarres avait exposé que plusieurs parents de son nom jouissaient de la noblesse au comté de Bourgogne, et que pour se faire réintégrer dans son privilège, il avait intenté procès au bailliage de Dijon, lequel, après enquête, avait rendu une sentence favorable, le 3 janvier 1572. Le syndic de la ville ayant depuis appelé de cette sentence, le parlement avait ordonné une nouvelle enquête. Depuis lors, Desbarres ayant été élu maire de Dijon, charge qu'un arrêt l'avait forcé d'accepter malgré son refus, il avait été convenu que pendant ce temps son procès sursoirait. La plupart de ses témoins étant morts dans cet intervalle, il s'était vu obligé de recourir au roi pour lui demander le maintien de son droit (R. P. — R. C., 5 juin 1574). Ancienne famille divisée en plusieurs branches qui ont procuré un grand nombre d'officiers aux cours souveraines de Bourgogne. Armes : *d'azur, à la fasce d'or chargée d'une étoile de gueules et accompagnée de trois croissants d'argent*.

HENRI III

(1574-1589)

122. Fontainebleau, 1er octobre 1578. Arrêt du conseil et lettres patentes de réhabilitation pour JEAN DE PRINGLES, procureur général à la chambre des comptes de Bourgogne, issu de Geoffroy de Pringles, son bisaïeul, gentilhomme écossais, lesdites lettres motivées par la dérogeance du père et de l'aïeul de l'exposant, qui avaient fait les fonctions de procureur postulant (R. P., dernier juillet 1579 et 3 juillet 1621. — R. C. 7 juillet 1621). Plusieurs officiers à la chambre des comptes. Armes : *d'argent, à la bande d'azur, chargée de trois coquilles d'or*.

123. 22 avril 1584. Confirmation de noblesse pour CLAUDE BERBISEY, maître des requêtes à Dijon, GUILLAUME BERBISEY, lieute-

nant général au bailliage de la même ville, et THOMAS BERBISEY, procureur général au parlement de Bourgogne, comme issus d'Etienne Berbisey, qui avait épousé Marguerite, fille unique de Guy le Poissonnier et Lucote sa femme, anoblis par le roi en 1378. (Arch. de l'hôtel de ville de Dijon.) Voy. n° 115 et la note du n° 101.

124. Paris, octobre 1585. Lettres de noblesse pour PHILIBERT et PIERRE DE LA MARE, frères, seigneurs de Chevigny, en récompense des services qu'ils avaient rendus depuis quinze ans, pendant les troubles, le premier dans l'exercice de la charge de maire de Beaune, le second dans les fonctions d'avocat du roi au bailliage de cette ville et entre autres choses pour s'être *vertueusement employés* à la conservation de cette ville en l'obéissance du roi (R. C., dernier avril 1586). — Nonobstant ces lettres de noblesse, la famille de la Mare faisait remonter son origine à Henri de la Mare, qualifié écuyer au XIVe siècle. Elle a procuré un grand nombre d'officiers aux cours souveraines de Dijon. Armes : *de gueules, au chevron d'or, accompagné de trois coquilles d'argent lignées de sable.* Voy. n° 287.

125. 1586 [1]. Lettres de noblesse pour JACQUES RICHARD, maire de Beaune, docteur ès-droits, maître des eaux et forêts à Dijon. Ancienne famille à laquelle appartenait Jean-Baptiste Richard, mousquetaire de la garde du roi, qui obtint en 1776 l'érection en marquisat, sous le nom de Richard d'Ivry, des terres de Corrabœuf, Ivry et Corcelles-sous-Molinot. Les branches de Vesvrottes, de Ruffey et de Montaugé ont fourni un grand nombre d'officiers au parlement et à la chambre des comptes de Dijon. Armes : *d'azur, à trois sautoirs d'or* [2], *au chef d'or, chargé de trois tourteaux de gueules.*

126. Paris, mai 1586. Lettres de noblesse pour LOUIS DE THÉSEU, seigneur de Lans, avocat à Châlon-sur-Saône et juge-châtelain de St-Laurent, en récompense des services qu'il avait rendus depuis vingt ans, tant en qualité de maire de Châlon qu'autrement, *mesme aux derniers troubles* où il s'était *vertueusement employé à la con-*

[1] Cette date est incertaine. D'après les lettres de relief obtenues en 1718 par Anne Richard (Voy. n° 329), il faudrait lire 1591. Nous n'avons trouvé aucun arrêt d'enregistrement.

[2] Ces *trois sautoirs d'or* sont une brisure spéciale à la branche des seigneurs d'Ivry.

servation de cette ville sous l'obéissance du roi (R. C., 25 février 1587). La famille de Thésut, distinguée dans l'Église, l'épée et la robe, faisait remonter son origine et sa noblesse à Girard de Thésut, qui possédait un fief au Mont-Saint-Vincent, en 1330. Il est probable que la branche établie à Châlon, en entrant dans les rangs de la bourgeoisie urbaine, avait négligé de prendre les qualifications nobiliaires auxquelles elle avait droit, ce qui explique les lettres de noblesse de 1586 [1]. Armes : *d'or, à la bande de gueules chargée de trois sautoirs d'or*. Voy. nos 285 et 304.

CHARLES X

Roi de la Ligue.

(1589 - 1590)

127. Soissons, mars 1590. Lettres données par Charles X — le roi de la Ligue—portant anoblissement pour JACQUES LAVERNE, sieur d'Athée et de Morveault, avocat au parlement de Dijon, en récompense des services qu'il avait rendus comme vicomte-majeur de Dijon *pendant les dernières années que les incommodités de la peste, famine et guerre* avaient affligé cette ville, et en la maintenant en outre au pouvoir des catholiques (R. C., dernier juin 1590). Armes figurées sur le registre : *d'azur, à trois demi-vols d'or, mouvant d'une rose de gueules, posée en abîme*. Jacques Laverne, plusieurs fois vicomte-mayeur de Dijon, périt sur l'échafaud pour avoir voulu livrer la ville à Henri IV. Famille considérable dans les charges municipales et parlementaires. Voy. n° 158.

HENRI IV

(1589 - 1610)

128. Camp de Chaulny, mai 1591. Lettres de noblesse pour HUGUES PICARDET, procureur général au parlement de Dijon, en récompense de la fidélité et singulière affection qu'il avait toujours montrée au

[1] Cette observation peut s'appliquer à la famille de la Mare, mentionnée immédiatement avant celle-ci.

roi Henri IV et à son prédécesseur (R. au parlement séant à Flavigny, le 21 novembre 1591, — R. C., 27 novembre 1595). Hugues Picardet était fils d'un secrétaire du roi, ancien fermier de la seigneurie de Mirebeau. Armes : *d'azur, à la croix d'argent.*

129. Camp devant Roucy, 2 avril 1592. Lettres de confirmation de noblesse pour MICHEL DE TOULORGE, lieutenant au bailliage de St-Jean de Lône, fils de Jacques de Toulorge, homme d'armes des ordonnances dans les compagnies de la Vauguyon et d'Epinay, etc., etc. (R. C., 16 novembre 1693). Armes figurées au registre : *d'azur, au chevron d'or, accompagné en chef de deux épis de blé ou d'orge, aussi d'or, et en pointe d'une tête de lion de même, lampassée de gueules.*

130. Dernier mai 1592. Lettres de Charles de Lorraine, duc de Mayenne, lieutenant général de la couronne de France, portant anoblissement pour ESME DE RYMON, procureur du roi aux bailliage, élection et prévôté de Mâcon, en récompense de divers services, entr'autres d'avoir fait exécuter quinze soldats de Genève qui avaient conspiré contre Mâcon, et étaient *clandestinement entrés dans ladite ville pour la surprendre aux grands jours de Clermont*, d'avoir fait mettre à mort un insigne faux-monnayeur et de s'être courageusement opposé aux traîtres qui voulaient faire tomber Mâcon aux mains des hérétiques (R. C., 4 décembre 1593). Officiers au bailliage et à l'élection de Mâcon. Armes : *d'azur, à la fasce d'argent, chargée de trois alérions de gueules, et accompagnée de trois étoiles d'or.* Voy. n°s 134 et 274.

131. Chartres, janvier 1593. Lettres de noblesse pour LAZARE RAGOT, bourgeois et contrôleur au grenier à sel de Saulieu, qui s'était employé pour la conservation de cette ville en l'obéissance du roi (R. P. 17 février 1596 ; — R. C. dernier février 1598).

132. Au camp devant Laon, juin 1594. Lettres de noblesse pour ETIENNE VAILLANT, demeurant à Clugny, en récompense de ses services lors de la réduction de la ville de Mâcon, où il s'était *courageusement employé, sans y épargner sa personne.* Armes probables : *d'azur, au lion d'or; et un chef d'argent, chargé de trois mouchetures d'hermine.*

133. Juillet 1594. Lettres de noblesse pour FRANÇOIS FYOT, homme d'armes de la compagnie de Vaugrenant (non enregistrées,

et simplement mentionnées dans celles de son fils en 1596). Voy. n° 136.

134. 1594. Lettres de noblesse pour André de Rimond (ou Rymon), lieutenant général au bailliage de Mâcon (non enregistrées, mais rappelées dans celles de ses petits-fils, en 1672). Voy. n°s 130 et 274.

135. Dijon, juin 1595. Lettres de noblesse pour René Fleutelot, maire de Dijon, en récompense des services qu'il avait rendus lors de la réduction de cette ville en l'obéissance du roi, à quoi il s'était *employé au péril de sa vie* (R. C. le 18 décembre 1595, à la requête de ses deux filles et uniques héritières). René Fleutelot avait été procureur au parlement. Sa famille a fourni de nombreux officiers à la même compagnie et à la chambre des comptes. Armes : *d'argent, à trois trèfles de sable, au chef de gueules, chargé d'un soleil d'or*.

136. Au camp de Saint-Seny, mars 1596. Lettres de noblesse pour Jean Fyot, sieur d'Arbois, conseiller au parlement de Dijon, qui avait été emprisonné lors de la rébellion de cette ville, et dont le père, François Fyot, homme d'armes de la compagnie du sieur de Vaugrenant avait obtenu en juillet 1594 des lettres de noblesse dont la mort l'avait empêché de requérir l'enregistrement (R. C. 28 mars 1597). Famille des plus considérables du parlement de Bourgogne. La branche des seigneurs d'Arbois, comtes de Bosjan et marquis de la Marche, a pour auteur ce même François, anobli en 1594. Armes : *d'azur, au chevron d'or, accompagné de trois losanges de même*. Voy. n° 133.

137. Fontainebleau, 14 avril 1599. Déclaration du roi pour faire jouir Guillaume de Montholon des p viléges attribués aux nobles, comme étant issu d'un bisayeul, d'un ayeul et d'un père pourvus de charges d'avocats généraux au parlement de Bourgogne, son père ayant depuis exercé et exerçant encore celle de président en la même cour, ce qui avait conféré la noblesse audit Guillaume, contrairement aux prétentions du mayeur et des échevins de Dijon, qui voulaient le comprendre au rôle des tailles[1]. Ces lettres font

[1] Ces lettres et les suivantes reconnaissent pour la première fois en Bourgogne le principe de l'anoblissement graduel, mais au troisième degré seulement. La noblesse à deux vies est consacrée par des lettres de 1608 et 1609 qu'on trouvera plus loin.

en outre mention de deux personnes du même nom, élevées à la dignité de garde des sceaux de France (R. P., 17 novembre 1599). Famille considérable dans la robe; elle porte: *d'azur, à un mouton passant d'or, surmonté de trois roses de même.*

138. Paris, 27 mars 1602. Lettres de déclaration de noblesse obtenues par Pierre de Xaintonge, avocat au parlement de Bourgogne, comme issu de père, ayeul et bisayeul, conseillers au parlement de Bourgogne, *ce qui lui avoit acquis la noblesse conformément à la disposition du droit commun et aux ordonnances du roi* (R.P., 9 décembre 1602). Armes : *d'azur, au chevron d'or, accompagné de deux étoiles de même en chef, et en pointe d'un croissant d'argent.*

139. Saint-Germain en Laye, juillet 1602. Lettres de noblesse pour François de Galian, écuyer, commandant une compagnie de gens de pied au service du roi et ayant eu charge de sergent-major de la ville de Bourg, en Brosse. Il avait été anobli par le duc de Savoie en 1594, et s'était trouvé déchu du privilége de noblesse, 1° par l'édit d'Henri IV, fait sur le cahier des remontrances des députés de Bresse et Bugey, et 2° par le règlement dressé depuis par les commissaires des tailles esdits pays et confirmé par S. M., règlement qui avait annulé tous les anoblissements donnés depuis 25 ans dans les provinces cédées par le duc de Savoie à la France [1] (R. P. 10, — C., 14 décembre 1602). Armes : *d'azur, au coq d'or, tenant en son bec un serpent d'argent, et perché sur un lion couché d'or, lampassé, armé et vilené de gueules; le coq béqué, crêté, barbé et membré de gueules.*

140. Paris, décembre 1602. Lettres de noblesse pour Jean Cosmeau, sieur de la Serrée, demeurant à Pouilly en Auxois, pour services militaires. On lit dans ces lettres qu'il avait servi pendant longues années comme archer, homme d'armes et maréchal des logis de diverses compagnies, qu'il avait été fait deux fois prisonnier pendant les derniers troubles, et que deux de ses fils continuaient le service en qualité d'hommes d'armes de la compagnie du sieur de Pluvault (R. P., sur lettres de surannation du roi, 10 mai, — C., 3 juin 1604, moyennant 24 livres d'aumône, mais sans autre indemnité, par ce

[1] Cet édit et ce règlement ne sont pas dans Chérin. On trouvera plus loin un assez grand nombre de lettres de confirmation accordées pour les mêmes motifs.

que l'impétrant n'avait jamais payé aucune taille ni imposition). Armes figurées au registre : *d'azur, à la fasce de gueules*, alias *d'or, accompagnée de trois étoiles d'or à six rais, cometées de même* (alias *d'argent*). Le père de Jean Cosmeau ou Comeau était châtelain de Pouilly en Auxois. Famille distinguée dans la robe et l'épée.

141. Fontainebleau, novembre 1603. Lettres de noblesse ou de confirmation pour PIERRE DE LÉAZ, écuyer, originaire du Bugey, et PHILIBERT DE LÉAZ, son frère, fils de deffunt Claude de Léaz, qui avait été anobli dès 1590 par le duc de Savoie pour divers services militaires, ayant successivement commandé comme capitaine une compagnie de 200 hommes de pied, puis une compagnie de 100 arquebusiers à cheval, charges dans lesquelles il avait fait preuve de son courage, *suffisamment tesmoigné par un nombre remarquable de plaies reçues sur son corps et par les prisons qu'il avoit souffertes*, ce qui lui avait valu une cornette, puis une lieutenance de chevau-légers. L'édit mentionné à l'article 139 aurait empêché ses enfants de jouir du privilége de noblesse sans les lettres de 1603 (R. P. 17 mars, — C. 2 avril 1604). Armes réglées par les lettres de 1590 : *d'azur, à deux lions affrontés d'or, armés et lampassés de gueules*. Timbre : *un lion d'or, armé et lampassé de gueules*.

142. Fontainebleau, novembre 1603. Lettres de confirmation de noblesse pour CLAUDE DE BEAULNE, écuyer, originaire de Champagne en Valromey, précédemment anobli par le duc de Savoie pour ses services militaires (R. P. 30 mars 1604).

143. Paris, 5 mars 1604. Lettres de maintenue de noblesse pour PHILIBERT MARÉCHAL, sieur de Montsimon, ci-devant gentilhomme de la bouche et maison du duc de Savoie, en conséquence de la charge de contrôleur général des guerres en Savoie, dont lui et son père avaient été pourvus (R. P. 21 décembre 1605). Armes : *d'azur, à la fasce d'argent, accompagnée en chef de deux étoiles et en pointe d'un croissant aussi d'argent*. Voy. n° 179.

144. Montereau, 26 juillet 1604. Lettres ordonnant que damoiselle EDMÉE DEVENET, veuve d'ISAAC DE CHANAL, juge mage de Bresse, ses enfants FRANÇOIS et ISAAC et leur postérité, jouiraient du privilége de noblesse à eux acquis par la charge de leur époux et père, conformément aux coutumes du pays, et reconnu par lettres du duc de Savoie du 20 novembre 1598, dont les guerres survenues depuis les avaient empêchés de faire opérer la vérification par la chambre des comptes de Chambéry (R. P...). Armes : *d'azur, à la bande ondée d'argent, accompagnée de deux lionceaux de même.* Voy. nos 157 et 160.

145. Paris, août 1606. Lettres de légitimation et d'anoblissement pour HERCULE DESROYS, fils naturel de feu André Desroys, écuyer, sieur de Mascon en Dauphiné, en récompense de ses services comme homme d'armes, maréchal des logis et guidon de diverses compagnies en France et en Savoie, et comme restant seul du nom et des armes de la maison Desroys, l'une des plus anciennes du Bugey (R. P. 6 juillet 1607).

146. Chantilly, mars 1608. Lettres de noblesse pour CLAUDE DE LA PLATIÈRE, écuyer, en récompense des services qu'il avait rendus au feu roi au siége de la Fère, et depuis, en Dauphiné sous la conduite du duc de Mayenne et à la suite du duc de Savoie qui l'avait honoré du titre de gentilhomme ordinaire de sa maison (R. P. 3, — C. 12 juin 1608). Armes : *d'argent, au chevron de gueules, accompagné de trois anilles de sable.* Attribution incertaine.

147. Paris, 17 novembre 1608. Lettres d'exemption d'impôts et de reconnaissance de noblesse pour CHRÉTIEN DE MACHECOT, lieutenant au bailliage de Nuits, issu de l'ancienne famille noble de Machecot en Bretagne, comme fils d'un auditeur à la chambre des comptes et petit fils d'un conseiller au parlement, charges qui donnaient commencement de noblesse (R. P. 10 décembre 1609). Chrétien de Machecot descendait de Richard Macheco, anobli en 1484. Voy. n° 99.

148. Paris, 20 mars 1609. Lettres de confirmation de noblesse pour MARGUERITE LE BLOND, veuve de Nicolas Desbarres, seigneur de Gissey en Auxois, comme étant issue de père et ayeul, conseillers au parlement (R. P. 17 novembre, — C. 17 décembre 1610). Famille originaire du Vermandois. Armes : *d'argent, à trois portes de gueules.*

149. Fontainebleau, septembre 1609. Lettres de noblesse pour RÉMOND D'ESCRIVIEUX, procureur du roi aux bailliage et siége présidial de Bresse, en récompense de ses services dans l'exercice de sa charge, et spécialement pour *s'être rendu curieux de découvrir les usurpations faites des terres du domaine.* On y lit que Rémond d'Escrivieux était issu de notables et anciennes familles, et que plu-

sieurs de ses devanciers avaient été déclarés nobles par arrêt donné à Chambéry (R. C. 17 décembre 1609, — P. 8 janvier 1610). Armes : *d'argent, au chevron de gueules, accompagné de trois palmes de sinople posées en pal, 2 et 1.*

150. Paris, septembre 1609. Lettres de noblesse pour THOMAS MORÉAL, sieur de Thomassière, en récompense de ses services militaires comme soldat au régiment des gardes depuis le siége de Chartres, et aide sergent-major au régiment de Champagne pendant le siége d'Amiens (R. P. 8, — C. 11 janvier 1610). Armes : *d'azur, à quatre aiglettes d'argent, becquées et membrées de sable.*

LOUIS XIII

(1610 - 1643)

151. Paris, septembre 1612. Lettres de confirmation pour JACQUES DANTIN, conseiller et avocat du roi aux bailliage et siége présidial de Bourg en Bresse, BALTHAZAR et JEAN-BAPTISTE DANTIN, ses frères, des lettres de noblesse accordées le 22 décembre 1591 par Catherine d'Autriche, duchesse de Savoie, à leur père, Antoine Dantin, capitaine d'Eschex et châtelain de Montluel, en récompense de ses bons services, conformément à ce qui s'était fait pour tous les anoblis de Bresse depuis cinquante ans (R. P. 29 avril 1614, — C. 12 juillet 1624, puis encore R. P. 19 mars 1644, sur lettres de jussion du 14 décembre 1633 et de surannation sur icelles du 23 janvier 1643, obtenues par ledit Jean-Baptiste Dantin). Armes décrites au registre : *d'azur, au chevron d'or, accompagné en pointe d'un croissant d'argent, et un chef d'argent, chargé d'un lion naissant de gueules.*

152. Paris, mars 1613. Lettres de noblesse pour JACQUES DE GRILLIET, dit d'ENNEMONT, écuyer, seigneur de la Sardière, en Bresse, fils naturel légitimé par le duc de Savoie, de noble Jacques de Grilliet, prieur d'Ennemont. On lit dans ces lettres que Jacques de Grilliet avait rendu des services au duc de Savoie dans ses armées, et qu'il en avait été récompensé par la charge d'enseigne colonelle, puis par celle de sergent-major en la citadelle de Bourg, et que la légitimation avait été consentie par le comte de Saint-Trivier, fils aîné de la maison noble de Grilliet (R. P. 11 mars, — C. 13 mai 1614).

Armes : *d'azur, au chevron d'or, surmonté d'un croissant d'argent et accompagné de trois grelots du second.*

153. Paris, 24 février 1615. Lettres de réhabilitation pour JEAN QUARRÉ, conseiller au parlement, dont le père, François, seigneur de Château-Regnaut, avait fait le commerce en gros. Il était issu, y lit-on, de Jean Quarré, anobli par le duc en 1412 (R. P. 15, — C. 17 juillet 1615). Voy. n° 24.

154. Paris, 10 mars 1615. Lettres ordonnant d'enregistrer simplement les lettres de relief accordées par le duc de Savoie le 22 avril 1597 à PIERRE, FRANÇOIS, PIERRE et MARC DE QUINSON, demeurant à Villeboy, dont le père et l'ayeul avaient fait trafic de marchandises, mais qui étaient issus d'une ancienne famille noble à laquelle appartenaient Lancelot, qui tenait du duc de Savoie la maison forte de Quinson en 1381, et N., capitaine des gardes du duc Amédée (Lettres de surannation du 28 septembre 1616. R. P...). Quinson, en Dauphiné : *d'hermine, à la bande de gueules*. Voy. n° 325.

155. Paris, 2 mai 1615. Lettres de déclaration de noblesse en faveur de JACQUES et CLAUDE DE GANAY, issus de Guichard de Ganay, conseiller du duc de Bourgogne en 1422 (R. P. 9 juillet, — C. 13 août 1642, en vertu de lettres de surannation obtenues par Jean-David, trésorier de France et François-Gaspard, officier au régiment de Conty, fils dudit Claude, qui avait également été trésorier de France). Dans l'arrêt d'enregistrement sont visés les titres de la famille depuis 1375. Ancienne famille du Charollais, illustrée par un chancelier de France en 1507, et considérable par ses charges et ses alliances. Armes : *d'argent, à la fasce de gueules, chargée d'une aigle mornée de sable et de deux roses d'or, l'une à senestre, l'autre en pointe, le tout accosté d'une coquille aussi d'or.*

156. Paris, 3 mai 1617. Lettres de réhabilitation pour FRANÇOIS DE CROYSON, capitaine et châtelain de Seyssel en Bugey, dont le père avait dérogé en faisant le trafic et tenant fermes. On lit dans ces lettres que François de Croyson avait commandé en chef plusieurs compagnies de gens de pied, et qu'il était d'ancienne noblesse, issu de la maison de Croyson au duché de Genevois (R. P. 7 mai, — C. 13 août 1618).

157. Paris, 28 septembre 1617. Lettres qui relèvent CATHERINE CHANAL, damoiselle, veuve de Vincent de Saint-Loup, garde du scel du bailliage de Mâcon, et fille de feu Isaac Chanal, juge mage de Bresse, d'une maison noble de cette province, de la dérogeance qu'elle avait commise par son mariage (R. P. 13 février 1619). Voy. nos 144 et 160.

158. Paris, 12 octobre 1617. Lettres de relief pour CHRÉTIEN LAVERNE, avocat au parlement, BENIGNE LAVERNE, sieur de Morvault, DIDIER LAVERNE, correcteur à la chambre des comptes, et GASPARDE LAVERNE, femme de Jean Cothenot, conseiller et avocat du roi aux bailliage et chancellerie de Dijon, qui avaient été indûment compris au rôle des tailles, quoique enfants de Jacques Laverne, anobli en 1590 (R. P. 30 janvier 1621). Voy. n° 127.

159. Paris, 24 octobre 1618. Lettres portant exemption pour CLAUDE-FRANÇOIS DRUAYS, écuyer, sieur de Franclieu, fils de feu Mathieu Druays, anobli en juin 1586 par Henri III, qu'il avait servi pendant vingt-deux ans comme maréchal-des-logis et archer de sa compagnie, ce qui n'avait pas empêché Claude-François d'être condamné par le parlement au payement des tailles, en exécution de l'édit de révocation des anoblis de Savoie, quoique cet édit ne fût pas applicable aux personnes anoblies par le roi de France (R. P. 7 août 1619). Armes : *d'argent, à une moucheture d'hermine de sable*. Voy. n° 327.

160. Paris, 13 février 1619. Lettres de relief pour ANNE CHANAL, fille d'Isaac Chanal et veuve de François Grattier, sieur de Condemines (R. P. dernier mai 1619). Voy. nos 144 et 157.

161. Paris, 27 février 1619. Lettres ordonnant que GUY MILLETOT, conseiller et avocat du roi au bailliage de Semur, jouirait des lettres d'anoblissement accordées en 1574 à son père, Joseph Milletot, conseiller et lieutenant de la chancellerie de la même ville, et dont celui-ci n'avait pu profiter à cause des grandes contagions survenues depuis à Flavigny où il habitait, ayant été contraint d'abandonner ses meubles et papiers parmi lesquels se trouvaient lesdites lettres de noblesse. Guy Milletot les ayant recouvrées, n'avait pu lui-même en profiter par suite de l'édit de 1598 annulant tous anoblissements concédés depuis vingt ans. Ces considérations, et les services du même Guy, qui avait été employé en plusieurs commissions, et blessé d'une arquebusade à la bataille d'Is-sur-Tille, engagèrent le roi à lui accorder les lettres du 27 février 1619 (R. C. 24 juillet 1619). Bonne famille du parlement, originaire de Flavigny. Armes : *d'argent, au lion de sable*,

armé et lampassé de gueules, tenant de la patte dextre une rose feuillée et soutenue de même. Voy. n° 120.

162. Paris, 2 juillet 1620. Lettres de confirmation de noblesse pour Jean Saumaise, avocat à la cour, comme issu de noble lignée, ses prédécesseurs ayant exercé en Bourgogne plusieurs belles charges, — entre autres son père Bénigne, conseiller au parlement, — et conformément à un arrêt de la cour des aides de Paris du 7 juin 1600, qui avait reconnu la noblesse de Daniel Saumaise, oncle du requérant (R. P. 12 août 1622). C'est la famille de l'illustre critique. Elle est fort ancienne en Bourgogne et a produit plusieurs officiers au parlement et à la chambre des comptes. Armes : *d'azur, au chevron ployé d'or, accompagné de trois glands de même, à la bordure de gueules.* Voy. n° 172.

163. Pergnac, 8 octobre 1620. Lettres qui confirment en faveur de Claude et André Desbordes, fils de Georges Desbordes, les lettres d'anoblissement accordées le 15 mai 1592 par le duc Charles-Emmanuel de Savoie, à leur père Georges, et à leurs oncles, Claude et Jean Grosjean, dits Bordes, frères, de Cerdon en Bugey (R. P. 18, — C. 23 janvier 1623). Armes réglées par les lettres d'anoblissement : *parti d'argent et de sinople, à un destrier naissant de gueules au premier parti, emmorsé, bridé, chanfrainé et empanaché d'or, et au milieu du parti d'en bas une molette du même métal.* Timbre : *un cheval issant de même qu'en l'écu.*

164. Fontainebleau, 13 mai 1623. Lettres de relief de noblesse pour Jacques de la Barre, avocat en parlement, juge royal d'Argilly, à cause de la dérogeance de son père qui avait été commis au greffe du bailliage de Beaune, et comme étant issu d'une famille noble, ses ancêtres ayant été capitaines, lieutenants et enseignes de gens de pied ou ayant servi dans les compagnies d'ordonnance (R. P. 5 mars 1625). Armes : *d'azur, à la bande d'or.* Famille originaire de Touraine.

165. 16 juin 1623. Lettres de réhabilitation pour Marguerite Berbis, fille et petite-fille de Nicolas, et Philippe Berbis, conseillers au parlement. Elle avait dérogé par son mariage avec Nicolas Ravyot, commis au greffe du parlement (R. P. 12 juillet 1623). Voy. n°s 53, 332 et 333.

166. Compiègne, 23 juin 1624. Lettres portant confirmation en faveur de Marc Bruyset, des lettres de noblesse accordées par le duc de Savoie, le 23 juin 1594, à Gaspard Bruyset, secrétaire général des guerres, son père, et à Pompée Bruyset, maître des comptes et secrétaire d'État, père de Gaspard, qui étaient issus d'une honorable famille de Belley (R. C. 6 juillet 1628). Armes réglées par les lettres d'anoblissement : *parti en fasce d'or endanté par-dessus azur, à trois besants d'or*, anciennes armes de la famille, auxquelles le duc ajouta : *un chef ou ciel d'argent, à trois bouts d'épée de gueules*, comme en usent les ducs de Savoie. Timbre : *une aigle de sable, tenant un besant d'or.*

167. Nantes, 1er juillet 1626. Lettres de noblesse pour Michel Vuarrier, dit de Luyrin, du pays de Gex (R. P. 16 juillet 1632).

168. La Rochelle, novembre 1628. Lettres portant anoblissement pour François Aymon, sieur de Montépin, du pays de Bresse, précédemment anobli par le duc de Savoie, en récompense tant de ses services comme homme d'armes de la compagnie du duc de Bellegarde, que de ceux de ses fils François et Hercule. Le premier, enseigne au régiment de Champagne, assista au siége de la Rochelle, fut blessé de deux mousquetades en l'isle de Rhé et fait prisonnier par les Anglais; le second passa du même régiment dans la compagnie des gendarmes de la reine-mère (R. C. 11 août 1629). Armes : *D'azur, à un besant d'or.* Voy. nos 176, 180, 225 et 239.

169. Paris, décembre 1629. Lettres portant permission à Claude-Enoch Virey, secrétaire de la maison et couronne de France, en récompense des services qu'il avait rendus à Louis XIII, notamment à sa joyeuse entrée en la ville de Chalon, dont ledit Virey était maire, de continuer à porter des *fleurs de lys* dans ses armoiries, qui sont : *Deux traits d'or en sautoir, la pointe en haut, en champ de gueules ; écartelé d'or, semé de fleurs de lys, d'œillets et de roses rouges ou de gueules* (R. C. 11 décembre 1629). Son fils et son petit-fils furent maîtres des comptes à Dijon.

170. 13 février 1630. Lettres de réhabilitation pour Ester de Jacob, veuve de Philippe Archimbault (R. P. 17 novembre 1633). Jacob portait : *De gueules au rencontre de cerf d'or.* Famille du parlement de Bourgogne.

171. Lyon, 8 octobre 1630. — Lettres de noblesse pour Charles et Jean Franchotty (R. P. 16 juillet 1632).

172. 12 novembre 1630. Lettres de réhabilitation pour Etiennette Saumaise (R. P. 24 mai 1631). Voy. no 162.

173. Paris, février 1631. Lettres de noblesse pour CHARLES-EMMANUEL DE MONGEY, conseiller au parlement de Bourgogne, qui avait précédemment porté les armes et servi au régiment du duc de Nemours en Piémont, et dont le frère s'était signalé lors de la réduction de la Bresse en l'obéissance de Henri IV, et particulièrement de celle de la ville de Pontdevaux, où il avait depuis commandé jusqu'à sa mort, arrivée par suite de blessures reçues en repoussant une entreprise faite sur cette ville par les troupes du duc de Savoie (R. P. 10 janvier, — C. 12 août 1633). — Trois conseillers au parlement. Armes : *D'azur, à la bande d'or.*

174 ..... 1633. Lettres de noblesse [1] pour PHILIPPE REYDELLET, de Belley (R. P. 1er juin 1633). Armes : *D'azur, au lion d'argent, à la fasce de gueules brochant sur le tout et chargée de deux étoiles d'or.* Voy. n° 338.

175. Saint-Germain-en-Laye, février 1634. Lettres de confirmation de noblesse pour JEAN-BAPTISTE, CLAUDE, CHRISTOPHE et FRANÇOIS LIVET, originaires de Franche-Comté et établis en Bresse, dont l'aïeul Gauthier Livet avait été anobli par lettres de Philippe II, roi d'Espagne, en 1580, confirmées par l'archiduc Albert en 1610 (R. P. 3 février 1635).

176. Saint-Germain-en-Laye, 12 janvier 1635. Lettres de confirmation de noblesse pour FRANÇOIS AYMON, sieur de Montépin, anobli en 1628, par lui demandées, dans la crainte qu'on ne lui opposât le règlement de janvier 1634, portant révocation des anoblissements depuis 20 ans [2] (R. P. 30 mars 1635). Voy. nos 168, 180, 224 et 239.

177. Saint-Germain-en-Laye, 19 novembre 1635. Lettres de noblesse pour PIERRE DE LA VIGNY, sieur de la Falconnière, l'un des gens d'armes de la compagnie du roi, en récompense de ses services militaires (R. P. 20 mars 1637, — C. 3 janvier 1641).

178. Chantilly, 17 avril 1636. Lettres de réhabilitation pour PHILIPPE et ETIENNE ROLLET, frères, habitants de Montcenis, qui avaient été condamnés aux galères comme assassins, pour un prétendu assassinat, et avaient subi leur condamnation (R. P., 9 juin 1636). Armes : *De gueules, à la bande d'or, chargée d'un ours de*

[1] Peut-être simples lettres de confirmation.
[2] Chérin, p. 97.

sable, lampassé de gueules, et accompagnée en chef d'une épée d'argent, et en pointe d'une molette du même.

179. Chantilly, 27 avril 1636. Lettres de confirmation de noblesse pour JEAN-CLAUDE MARÉCHAL, écuyer, sieur de Montsimon, capitaine d'une compagnie au régiment du baron de Chonin, fils de Philibert Maréchal, maintenu en 1604 (R. P., 17 juin 1636). Voy. n° 143.

180. Saint-Germain-en-Laye, 5 janvier 1638. Lettres de relief pour FÉRIE-SABINE DE DORTANS, veuve de Charles Aymon, sieur de Montépin, à cause de la dérogeance qu'elle avait commise par mariage et comme étant issue de l'ancienne maison de Dortans, dont il y avait encore deux chevaliers de Malte (R. P., 29 janvier 1639). Armes de Dortans : *De gueules, à la fasce d'argent, accompagnée de trois annelets de même.* Voy. n°s 168, 176, 224 et 239.

181. Saint-Germain-en-Laye, dernier janvier 1638. Lettres de noblesse pour CHARLES DE MACHEREL, sieur de Saint-Sulpis, fils de damoiselle Philiberte de Saint-Sulpis, du pays de Bresse, d'une maison de tout temps noble, et de Denis de Macherel, né de condition libre, qui avait servi dans les guerres de Savoie, Piémont et Bresse. On lit dans ces lettres que Charles de Macherel avait servi comme homme d'armes de la garde du roi, qu'il avait assisté à plusieurs siéges et batailles, et recueilli dans la succession de son oncle Louis de Saint-Sulpis, le fief noble de ce nom (R. P., 8 mai 1638). Armes figurées au registre : *D'or, au lion de gueules et un chef d'azur chargé de trois croisettes d'or.* Cimier : *Un lion issant d'or.*

182. Saint-Germain-en-Laye, novembre 1639. Lettres de noblesse pour RAYMOND SEVERAT, sergent-major de la ville de Lyon, en récompense de ses services pendant plus de vingt années, dans la cavalerie et l'infanterie, n'ayant point abandonné son poste pendant une maladie contagieuse qui avait affligé la ville de Bourg (R. P., 30 mars 1640). Armes figurées au reg. : *D'azur, à un cerf courant ailé d'or.*

183. Paris, 12 décembre 1639. Lettres de relief pour HÉLÈNE DE VAIVRE, veuve de Germain Porcherot, sieur de Billy, issue d'une famille noble, mais dont le mari était de condition roturière quoique vivant noblement et portant les armes (R. P., 9 mars 1640). Vaivre : *D'argent, au sautoir de sable, chargé de cinq mâcles d'or.* — Porcherot : *D'azur, au chevron d'or, accompagné en chef de deux* *étoiles d'argent et en pointe d'un croissant de même.* Les Porcherot entrèrent aux États de Bourgogne malgré cette déclaration de roture.

184. Paris, 28 janvier 1640. Lettres de relief pour Anne de Chastillon, veuve de Janus du Bourg, docteur en médecine, comme issue de noble lignée, et ayant été mariée par défunt Marc-Antoine de Chastillon, écuyer, capitaine de la ville de Bourg-en-Bresse, audit du Bourg, que l'on n'estimait pas, lors du mariage, être de condition roturière (R. P., 28 janvier 1640). Chatillon-Chemilla : *D'argent, au lion de sable.* Chatillon de Michaille : *D'argent, à la croix de gueules.*

185. Saint-Germain-en-Laye, janvier 1642. Lettres de noblesse pour Jacques de Gruat, sieur de la Grue, natif du pays de Gex, capitaine de cavalerie au régiment de Gassion, en récompense de ses services militaires depuis 28 ans (R. P., 8 avril 1642). Armes figurées au registre : *D'azur, à une masse d'armes d'or et un bradelaire d'argent, la poignée d'or, passé en sautoir.*

186. 1642. Lettres de relief de noblesse pour Marc Fournier Desbalmes, issu de noble et ancienne race du pays de Bugey, dont les père, ayeul et bisayeul avaient paru dans toutes les occasions pour le service de Sa Majesté. Son père avait été compris au rôle des tailles, sous prétexte que son ayeul avait exercé l'office de notaire à Groslée (R. P., 3 janvier 1646).

LOUIS XIV

(1643-1715)

187. Paris, février 1644. Lettres de noblesse pour Philibert Botton, sieur de Salornay, en récompense des services qu'il avait rendus au feu roi, depuis l'âge de quatorze ans, comme soldat, enseigne et capitaine, aux régiments de Champagne, Chappes et Villequier, s'étant trouvé à tous les siéges, assauts, prises de villes, batailles, etc. qui s'étaient rencontrés dans ou hors le royaume (R. C., 22 novembre 1644).

188. Paris, juillet 1644. Lettres de noblesse pour Philibert Berthod, exempt des gardes du corps pour services militaires, et

spécialement pour s'être signalé aux siéges de Corbie, Arras, Aire et Perpignan (R. P., 10, — C. 17 mars 1645). Famille originaire de Bresse. Armes : *D'azur, à la croix d'or, cantonnée de quatre lionceaux de même.* Voy. n° 309.

189. Paris, octobre 1644. Lettres de noblesse accordées à JEAN PERRACHON, sieur de la Gorge, ci-devant conseiller du roi et receveur des consignations de la sénéchaussée, siége présidial et autres juridictions de Lyon, en récompense des agréables services que lui et ses prédécesseurs avaient rendus aux rois Louis XIII et XIV, en diverses occasions importantes (Reg. au parlement de Paris, le 24 novembre 1644, et à la ch. des comptes de Dijon, le.....). Armes figurées au registre : *Coupé d'azur et d'or, à la cigogne ou héron, la patte dextre levée, de l'un en l'autre.* Cimier : *Une tête et col de cigogne ou héron d'or.*

190. Paris, novembre 1644. Lettres de noblesse, en conséquence de l'édit de novembre 1638, qui anoblissait deux sujets du roi en chaque généralité du royaume à l'occasion de la naissance du Dauphin, depuis Louis XIV [1], pour PIERRE DE BEUVERAND, dont le père avait été conseiller secrétaire en la chancellerie de Bourgogne (R. P., 18, — C. 21 juin 1655, en vertu de lettres de surannation). Armes figurées au registre : *D'or, au bœuf passant de gueules; au chef cousu d'azur, chargé d'un poisson d'argent.* — Ancienne famille de Châlon qui a fourni des officiers au bailliage de cette ville et au parlement de Bourgogne.

191. Paris, mars 1645. Lettres de noblesse pour NICOLAS BURET, sieur de Beausoleil, capitaine au régiment de cavalerie du sieur commandeur de Souvray, en récompense des services qu'il avait rendus pendant vingt-cinq ans, en plusieurs siéges, batailles et rencontres, longuement énumérés et dans lesquels il s'était signalé et avait reçu plusieurs blessures (R. P., 3 mai, — C. 10 mai 1645). Armes : *D'argent, à trois tourteaux de sable.*

192. Paris, juillet 1645. Lettres de noblesse pour GEORGES FILSJAN, conseiller d'état, bailli et gouverneur de l'Auxerrois, vallée d'Aglan, et Urpois, gentilhomme de la chambre du prince de Condé et capitaine de ses gardes, sieur de Chaully et Vaucharme, fils de feu Georges Filsjan, conseiller et lieutenant-général au bailliage d'Aval-

[1] Cet édit n'est pas dans Chérin.

lon, en récompense des services qu'il avait rendus à Louis XIV et à son prédécesseur, ayant entre autres choses apporté à ce dernier la nouvelle si importante de la retraite de Gallas, avec perte de ses armées, et *de la levée du siége de Saint-Jean de Losne plustot sceue que la nouvelle dudit siége* (R. P., 4 août, — C. 7 août 1645). Famille originaire d'Avallon et considérable dans la robe. Armes : *D'azur, au chevron d'or, accompagné de trois étoiles de même; au chef d'or, chargé de trois croix pattées de gueules.* Voy. n° 253.

193. Paris, janvier 1646. Lettres de noblesse pour RAYMOND DE TUFERY, sieur de Trapenard, capitaine d'une compagnie au régiment du marquis d'Uxelles et enseigne en la garnison de la citadelle de Chalon, pour le récompenser de ses services militaires rendus depuis dix-sept ou dix-huit ans, entre autres au combat de Sedan, où il avait été blessé d'une mousquetade et fait prisonnier (R. C., 3 juillet 1647). Armes figurées au registre : *D'azur, au lion d'or, accompagné de trois roses d'argent.* Voy. n° 259.

194. Paris, janvier 1646. Lettres de noblesse pour JACQUES FERRAND, président en la chambre des comptes de Dijon, en récompense de ses services et de ceux de son père André, conseiller aux bailliage et chancellerie d'Autun, vierg de cette ville, de son aïeul Philibert, avocat et maître des eaux et forêts, et de son bisaïeul Guillaume, citoyen et vierg de la même ville. Armes figurées au registre : *D'or, à une hure de sanglier arrachée de sable, défendue et allumée d'argent, écartelé d'azur, au sautoir d'or, accompagné de quatre étoiles de même.* (R. P. 3 mars, — C., 17 avril 1646.)

195. Paris, juin 1646. Lettres de noblesse pour HONORÉ DE QUINY, sieur de Glana en Bresse, cornette d'une compagnie de chevau-légers, pour services militaires longuement énumérés. (R. P. 21 — C. 26 janvier 1647.) Armes figurées au registre : *D'azur, au chevron d'or, accompagné de trois heaumes d'argent, posés de profil.* Voy. n°s 232 et 260.

196. Paris, janvier 1647. Lettres de noblesse pour BÉNIGNE POURCELET, gendarme de la compagnie du marquis de Tavannes, en récompense des services rendus pendant 42 ans par son père Claude Pourcelet, auditeur à la chambre des comptes, et des siens propres comme soldat et volontaire dans plusieurs régiments, n'ayant jamais payé la taille ni dérogé à la noblesse que son père lui avait acquise,

ou au moins commencée, par l'exercice de sa charge. (R. P. 20 juin, — C. 4 juillet 1650.) Armes figurées au registre : *D'or, au sanglier passant de sable, allumé et défendu d'argent.* Cimier : *Une hure de sanglier de sable, aussi allumée et défendue d'argent.*

197. Paris, 8 mai 1647. Lettres portant permission à MARIE DE LA VARENNE, veuve de Pierre Queneault, écuyer, sieur de la Rozière et Vilaine, demeurant au château de la Rozière, paroisse de Luneau en Charollais, de jouir du privilége de noblesse que les habitants de Luneau lui voulaient contester quoiqu'elle fût issue de parents nobles, et que son mari eût toujours vécu noblement, comme secrétaire des maison et finances du duc d'Orléans. (R. P. 2 août 1647.) Détails généalogiques sur la famille de la Varenne, dont les membres étaient qualifiés écuyers dès la fin du XVe siècle.

198. Paris, juillet 1648. Lettres portant anoblissement pour ANTOINE JARRY, en récompense de ses services militaires rendus depuis quarante ans, notamment dans les armées de Guyenne et de Catalogne. (R. P. 20, — C. 26 novembre 1648.) Armes figurées au registre : *Tiercé en fasce, au 1er d'azur, à trois étoiles d'or, au 2e d'or, au 3e de gueules, à une tête de lévrier d'or, colletée de sable.* Un ancêtre d'Antoine, Jacques Jarry de la Jarrie, était qualifié écuyer dès 1490. Voy. n° 264.

199. Paris, juillet 1648. Lettres de confirmation de noblesse pour PIERRE DE TRUCHIS DE LAYS, issu d'une ancienne et noble famille du lieu de Centale, au marquisat de Saluces. On fait mention dans ces lettres du bisaïeul, de l'aïeul et du père de Pierre de Truchis, Barthélemy, François et Samuel. Le dernier forcé de se réfugier en France, après la cession du marquisat de Saluces au duc de Savoie, reçut de Henri IV une pension de 300 livres, et la charge de conseiller assesseur, puis lieutenant particulier assesseur criminel au présidial de Bourg. Pierre inquiété sur sa noblesse, obtint de la duchesse régente de Savoie des lettres constatant son extraction noble et ses alliances avec plusieurs grandes familles du pays, en conséquence desquelles lettres furent délivrées celles de juillet 1648. (R. P. 29 avril, — C. 12 août 1649.) Armes figurées au registre : *D'azur à un pin d'or*[1], *soutenu par deux lions de même.* Cimier : *Un lion issant d'or, tenant de sa dextre une épée d'argent.* Devise :

[1] Les Truchys ont depuis remplacé le pin d'or par un palmier de même métal.

Virtute et viribus. Famille distinguée par ses alliances et les charges militaires qu'elle a occupées. Voy. n° 256.

200. Paris, décembre 1648. Lettres donnant permission à Antoine Joly, greffier en chef du parlement de Bourgogne, à Georges Joly, baron de Blaisy, président en la même cour et Bénigne Joly, seigneur d'Ecutigny, aussi greffier en chef du parlement et des États, fils d'Antoine, à Jean Joly, seigneur de Fleury, conseiller au grand conseil, François Joly, son frère, conseiller au parlement de Toul, fils de feu François Joly, avocat au parlement, et à plusieurs autres du même nom de Joly, seuls issus de Regnault Joly, écuyer, conseiller des ducs Jean sans Peur et Philippe le Bon, de changer les armes de leur famille, que plusieurs individus de même nom quoique d'origine différente avaient usurpées, contre un écu : *D'azur au léopard d'or, armé et lampassé de gueules,* et pour cimier : *Une tête de léopard d'or, lampassée de gueules.* (R. C. 15 janvier 1650. Anciennes armes : *D'azur, à un lys naturel d'argent, au chef d'or chargé d'une croix pattée de sable.* Famille très-considérable dans la robe.

201. Amiens, juin 1649. Lettres de noblesse pour Jean-Claude Charbonnier, sieur de Crangeac, conseiller du roi, lieutenant général au bailliage et siége présidial de Bourg-en-Bresse, en récompense de ses longs et fidèles services dans l'exercice de sa charge. (R. P. 5, — C. 12 août 1649.) Armes figurées au registre : *De sable au sautoir d'or, accompagné en chef d'une étoile et en pointe d'un croissant aussi d'or.* Voy. n° 205.

202. Paris, novembre 1649. Lettres de relief et de confirmation pour Philibert Tricault, fils de Jean Tricault, qui s'était distingué par ses services militaires, et était issu de l'une des nobles et anciennes familles du pays de Beaujolais. Quoiqu'il eût toujours vécu noblement et élevé ses fils dans les exercices de la noblesse, ayant pourvu l'aîné de la charge de lieutenant civil et criminel de Belley, le troisième faisant fonction d'enseigne dans un régiment en Italie, Philibert Tricault fut obligé, pour ne pas payer la taille à laquelle il avait été imposé, de demander des lettres de confirmation, à cause de la perte de ses titres de famille brûlés pendant la Ligue, ce qui l'empêchait de se faire rétablir par les cours de justice dans ses droits et priviléges. (R. P. 11 janvier 1651.) Armes : *D'azur, au chevron d'or, accompagné en chef à dextre d'une étoile du même.* Voy. n° 225.

203. Paris, janvier 1650. Lettres de noblesse pour Jacques Gadonot, sieur de Saint-Georges, natif de Bourgogne, l'un des premiers chevau-légers de la compagnie de la garde de la reine régente, qui avait assisté à plusieurs assauts, siéges et autres exploits de guerre, reçu plusieurs blessures et plusieurs fois perdu ses équipages. (R. P. 11 février, — C. 5 mars 1650.) Armes figurées au registre : *De gueules à deux épées d'argent, la garde et la poignée d'or, passées en sautoir, au chef d'azur, chargé de trois étoiles d'or.* Cimier : *Trois panaches aux émaux de l'écu.*

204. Paris, 25 juin 1650. Lettres de relief de noblesse pour Jean Gastebois, écuyer, seigneur de Lezeul en Bourgogne et de Savolle, avocat en parlement, maître des requêtes ordinaires du duc d'Orléans, fils de Paul Gastebois, écuyer, conseiller correcteur à la chambre des comptes de Dijon, et de Radegonde de Mailly, et issu de Thibaut Gastebois, son quatrième aïeul, demeurant à Langres, homme d'armes de la compagnie du roi René d'Anjou, anobli le 4 septembre 1479. François Gastebois, seigneur de Bazerealz, contrôleur des deniers communs de Langres, grand père du requérant, avait été forcé d'exercer la marchandise pendant quelque temps, ce qui avait fait comprendre son petit-fils au rôle des tailles de Dijon. (R. P. 13 août 1650.) Armes : *Gironné d'or et d'azur, chargé d'un écu de l'un en l'autre, et sur le tout un écu de gueules.*

205. Paris, juillet 1651. Lettres de noblesse en forme de déclaration pour Charles de Charbonnier, sieur de la Tour de Journant, conseiller du roi, président en l'élection de Bresse, pour le récompenser de ses services dans l'exercice de sa charge. (R. P. 29 janvier, — C. 27 avril 1652.) Armes figurées au registre : les mêmes qu'au n° 201.

206. Paris, 18 septembre 1651. Lettres de relief de noblesse pour Abraham le Quat, avocat à Mâcon et Nicolas le Quat, son neveu, avocat à Bourg, dont le père et l'aïeul avaient dérogé par l'exercice du négoce, et qui descendaient aux quatrième et cinquième degrés de Pierre le Quat, secrétaire du bailliage de Bresse, anobli par lettres du duc de Savoie, du mois de septembre 1511. (R. P. 11 juillet, — C. 11 août 1654.) Armes figurées au registre : *D'azur, à la fasce d'or, accompagnée en chef d'un lion passant d'or, et en pointe de trois molettes d'éperon aussi d'or, posées 2 et 1.* Cimier : *Une tête de cigogne d'argent becquée d'azur.*

207. Poitiers, janvier 1652. Lettres de noblesse pour Marc de Baret, capitaine d'une compagnie de chevau-légers au régiment de Créquy, natif du pays de Bresse, en récompense de ses services militaires depuis 20 ans, ayant assisté aux siéges de Corbie, Landrecies, Gravelines, la Mothe, Béthune etc., et à plusieurs batailles et combats. (R. P. 27 mars 1656.)

208. Paris, janvier 1653. Lettres de noblesse pour Pierre Coqueley, contrôleur en l'élection de Bar-sur-Seine, cousin de Jean et Lazare Coqueley, conseillers au parlement de Paris, et père de Gabriel Coqueley, conseiller et juge ordinaire en la même ville de Bar-sur-Seine. (R. C. le...) Armes figurées au registre : *D'argent à la croix dentée de sable.*

209. Paris, dernier février 1653. Lettres de relief pour Nicolas de Saint-Aubin, écuyer, sieur de Lozardière, fils de feu Nicolas de Saint-Aubin, écuyer, sieur de la Fresnaye, et issu de père, aïeul, bisaïeul et trisaïeul nobles. On lit dans ces lettres que François de Moge, maître des comptes à Rouen, ennemi personnel du requérant, voulait le faire comprendre au rôle des tailles de la paroisse de Chambroisse, élection de Bernay en Normandie, où il demeurait, sous prétexte que son père avait fait quelque recette de la baronnie de Ferrière, et que, ayant été actionné pour ce fait à la cour des aides de Rouen, où de Moge avait beaucoup de parents, le requérant avait obtenu le renvoi à la cour du parlement de Dijon, qui se trouva par suite saisie de la vérification des lettres de relief. (R. P. 14 juillet 1657.) Longs détails généalogiques depuis Jean de Saint-Aubin, qualifié écuyer en 1402.

210. Paris, 4 juin 1653. Lettres de relief de noblesse pour Gabriel Girard, écuyer, sieur de Lavaux et de la Vesvre-sur-Arroux, l'un des deux cents hommes d'armes de la compagnie d'ordonnance du roi, fils de feu Denys Girard, sieur des mêmes lieux et de Moulin lez Saint-Aubin, lieutenant général au bailliage de Charolles, et de Catherine de Ganay. On lit dans ces lettres que Gabriel Girard avait assisté à la bataille de Lens et à la journée de Saint-Antoine où il avait été fait prisonnier, et qu'il était issu d'une ancienne et noble race dont la filiation est rapportée depuis Etienne Girard, seigneur de plusieurs fiefs en 1380. On cite parmi ses ancêtres un conseiller de la duchesse d'Autriche, en 1518, un conseiller au parlement et enfin Gabriel Girard, aïeul de l'exposant, dont la déro-

geance par négoce avait forcé celui-ci à demander des lettres de relief. (R. C. le...) Armes : *D'azur, à trois trèfles d'or.*

211. Paris, 9 décembre 1653. Lettres de relief, à cause de quelques dérogeances par payement de tailles et trafic de marchandises, pour Pierre du Glas, capitaine au régiment de Bourgogne, issu de l'ancienne et noble race des comtes du Glas en Écosse, par le moyen de Guillaume du Glas, qui passa en France en 1439, pour conduire à Charles VII des troupes envoyées par Jacques II d'Écosse, et prit alliance dans la maison de Pratulok en Bretagne. Détails généalogiques. (R. P. 15 janvier 1654.) Armes : *D'argent, au cœur de gueules, surmonté d'une couronne royale d'or, au chef d'azur, chargé de trois étoiles d'argent.* C'est une branche de l'illustre famille des Douglas, encore aujourd'hui établie en Bugey. Les du Glas, seigneurs dudit lieu de la Fizelière, portaient : *D'azur au château à trois tours d'argent, et l'écu des Douglas sur le tout.*

212. Paris, 12 décembre 1653. Lettres accordées à la requête de Jean Velnot, écuyer, l'un des cent gentilshommes de la maison du roi, contrôleur général provincial des guerres en Bresse, ordonnant de le faire jouir du privilége de noblesse, s'il appert : 1° que l'exposant soit issu d'aïeuls maternels, nobles, dans le destroit des bailliages de Troyes et Sens où les mères, suivant le requérant, ont toujours eu le privilége d'anoblir leurs enfants, suivant la coutume desdits lieux, jusqu'aux édits de 1598 et 1600, portant qu'à l'avenir personne ne prendra la qualité d'écuyer s'il n'a père et aïeul ayant servi dans les armées ou dans une charge honorable ; 2° qu'en outre il soit né avant ces édits ; 3° qu'il ait toujours joui des priviléges de noblesse à Châtillon-sur-Seine, où il demeurait ; 4° et que par la coutume desdits bailliages, les enfants de mère noble fussent tenus nobles auparavant desdits édits. (R. P. avec les lettres suivantes le 14 janvier 1654.)

213. Paris, 15 décembre 1653. Lettres semblables aux précédentes accordées à Marc-Antoine, Nicolas, Claude et Bernard Velnot, fils de Jean Velnot, et dans lesquelles sont énumérés les services militaires des requérants en qualité de volontaires dans diverses compagnies, l'un d'eux ayant été blessé tandis qu'il était enseigne au régiment de Navarre. (R. P. avec les précédentes le 14 janvier 1654 au vu de documents établissant *la filiation*

noble de damoiselle Magdelaine de Mengault, mère de Jean Velnot)[1].

214. Paris, 22 décembre 1653. Lettres de relief de noblesse pour Jean Turretin, seigneur de Turretin, Bossay, Beaumont, Merac et co-seigneur du Canal en Suisse entre les lacs, issu d'une ancienne et noble famille, dont les membres avaient exercé des dignités considérables dans la république de Lucques, mais que les habitants de Michaille et Saint-Genys voulaient comprendre au rôle des tailles, sous prétexte qu'il avait négocié pour la conservation de son bien. (R. P. sur lettres de surannation le 12 mai 1656). Turrettini à Lucques et en Suisse: *Fascé d'or et de gueules*.

215. Paris, janvier 1654. Lettres de noblesse en conséquence de l'édit de 1638, qui avait anobli deux sujets du roi, dans chaque généralité du royaume, accordées pour le récompenser de ses services à Claude Passerat, sieur de Bougne, conseiller du roi, élu en l'élection de Bugey, fils de feu Gaspard Passerat, aussi sieur de Bougne, conseiller du roi, contrôleur élu en ladite élection, dont les ancêtres avaient toujours vécu noblement, et étaient entrés dans les plus anciennes maisons des gentilshommes de la province. (R. P. 13 juillet, — C. 14 décembre 1661, sur lettres de surannation obtenues en 1660, après le décès de Claude Passerat, par sa veuve Nicole Tricot et par ses enfants.) Armes figurées au registre : *D'azur, à la fasce d'or, chargée d'un lion passant de gueules et accompagnée en pointe de deux vols d'argent*. Voy. n° 357.

216. Paris, 2 avril 1654. Lettres de relief pour Marie Berlier, dame de Chiloup, qui avait dérogé par son mariage avec Gaspard Grisy. (R. P. 24 mai 1655.) Berlier : *Écartelé aux 1er et 4e, d'argent à trois lions de sable; aux 2e et 3e, de gueules à une lance d'argent*.

217. Paris, avril 1654. Lettres de noblesse pour Antoine de Guynant, pour services rendus en plusieurs rencontres, dans les armées

[1] Il résulte de la comparaison des lettres inscrites sous les nos 212 et 213 et de l'arrêt qui en a ordonné la vérification : 1° qu'en 1654, le parlement de Bourgogne reconnaissait l'existence en fait et en droit au siècle précédent de la *noblesse utérine* dans les coutumes champenoises ; 2° que la royauté ne contredisait pas à cette doctrine ; 3° mais que ce mode d'anoblissement était considéré par le roi et par le parlement comme abrogé par les édits *généraux* de 1598 et 1600. Voilà un fait nouveau et d'une haute importance pour la solution de cette question si controversée de la *noblesse maternelle* de Champagne.

navales de Sa Majesté, en qualité d'enseigne, lieutenant, capitaine de vaisseau et aide de camp du roi, et spécialement pour avoir le long des côtes, avec son vaisseau seul, fait rencontre de trois grands vaisseaux espagnols qu'il obligea, après un combat de six heures, *de se retirer dans leurs ports avec grandes pertes de leurs équipages et grand débris de leurs vaisseaux*. (R. P. 5, — C. 12 juin 1654). Armes figurées au registre : *D'azur, à trois coquilles d'or*. Cimier : *Un triton d'or issant, tenant dans sa main droite un trident de même*. — Il était fils, croyons-nous, de noble Antoine de Guynant, médecin du roi en 1605. Voy. nº 267.

218. Rheims, 6 juin 1654. Lettres de réhabilitation pour GEORGES FERRA, écuyer, sieur de Courtine, demeurant à Belley, comme étant issu par Jean et Pierre Ferra son père et son aïeul, d'Étienne Ferra qui était dès l'année 1485, pourvu de la charge noble de secrétaire du duc de Savoie. Jean Ferra qui avait continué de servir en Savoie, ayant induement payé la taille, obtint en 1599 des lettres de réhabilitation que les guerres entre la Savoie et la France l'empêchèrent de faire enregistrer. En 1606 son fils Georges obtint de semblables lettres de Henri IV, dont il négligea aussi de se servir, ayant été pourvu de la charge de premier élu en l'élection de Bugey, qui emportait de soi exemption. Il en avait d'ailleurs été empêché par un incendie, ce qui l'obligea à recourir au roi Louis XIV, qui lui accorda les lettres de 1654 en récompense de ses services et de ceux de son fils Antoine, avocat du roi au bailliage de Belley. (R. P. 8, — C. 16 mai 1656.) Armes : *D'or, à la fasce d'azur, accompagnée de trois grillons de gueules*.

219. Paris, septembre 1654. Lettres de maintenue de noblesse pour JEAN GAUTIER, citoyen de Genève et avocat, qui craignait d'être inquiété et forcé de payer la taille pour quelques biens qu'il possédait au pays de Gex, comme faisant le trafic des pierreries, *chose permise aux nobles des républiques, et pour être de noblesse accordée par un prince étranger*, étant issu de Louis Gautier, son trisaïeul, anobli par lettres de l'empereur Charles V, du 25 avril 1524. (R. P. 12, — C. 18 juin 1655.) Armes figurées au registre : *D'azur, à cinq losanges d'argent, posés en croix, et une bordure également d'azur*. Cimier : *Un cygne issant d'argent, les ailes éployées, et tenant dans son bec un losange de même métal*.

220. Paris, octobre 1654. Lettres de noblesse pour PIERRE PONCET,

de Gex, en récompense de ses services militaires en plusieurs rencontres, tant en qualité de capitaine qu'autrement. (R. P. 16, — C. 20 avril 1655.) Armes figurées au registre : *Écartelé, au 1er et 4e d'azur à trois marteaux d'argent, aux 2e et 3e de gueules à trois bandes d'or.*

221. Paris, décembre 1654. Lettres de noblesse pour CLAUDE COLLIEX, sieur du Pont-Haut d'Inioux en Bugey, en récompense de ses services comme volontaire dans les guerres de Savoie, de Piémont et du comté de Bourgogne, et de ceux de son fils Claude Colliex, sieur de Richemont, qui, servant également comme volontaire, fut blessé grièvement à la bataille de Nordlingen, puis à la première guerre de Paris et en Catalogne, et fut depuis attaché à la personne du roi, en qualité de gentilhomme servant. (R. P. 16, — C. 20 avril 1655.) Armes : *D'argent, à deux lions affrontés de gueules, au chef d'azur chargé de trois croissants du champ.* Voy. no 270.

222. Paris, décembre 1654. Lettres de noblesse pour JEAN-BAPTISTE DE GOURY, seigneur de Bellecombe et de la Tour-de-Précy, en récompense de ses services depuis 15 ans dans les armées en qualité d'enseigne et de capitaine aux régiments de Saint-Forgeu et de Rebec, et de ceux de son père Laurent de Goury, qui avait été tué en Piémont en 1625, où il commandait la compagnie de chevau-légers du sieur de Grésigny. (R. P. 27 novembre, — C. 2 décembre 1656.) Armes figurées au registre : *Fascé de gueules et de sable de dix pièces, au lion d'or, brochant sur le tout.* Cimier : *Un lion d'or issant.*

223. Paris, janvier 1655. Lettres de noblesse pour NICOLAS DE RÉMOND, capitaine d'infanterie au régiment de Montjeu, en récompense des services qu'il avait rendus depuis 25 ans, entre autres en figurant parmi les défenseurs des places de Coblentz et d'Ehrenbreistein. Il avait d'ailleurs toujours vécu noblement comme ses devanciers, savoir : Jean son père, lieutenant général civil et criminel du bailliage de Châtillon pendant plus de trente ans et maire de cette ville ; Edme son grand père, lieutenant général civil et criminel audit bailliage pendant plus de 30 ans, et élu du tiers aux États de Blois, où il donna des preuves d'une vertu extraordinaire ; Etienne son bisaïeul, avocat du roi au même siége pendant plus de 49 ans et maire de la même ville ; Guillaume son trisaïeul, conseiller au parlement de Dijon (R. P. 21, — C. 28 avril 1655.) Armes figurées au registre : *De gueules, à trois roses d'argent, feuillées et soutenues de même.* Famille originaire du Châtillonnais

et divisée en plusieurs branches, toutes considérables dans la robe et l'épée. Voy. nos 278, 288 et 293.

224. Paris, 8 janvier 1655. Lettres de relief de noblesse pour damoiselle SARRA AYMOND, qui avait dérogé par son mariage avec François Paffin, avocat au parlement de Bourgogne. (R. P. 14 avril 1655.) Voy. nos 168, 176, 180 et 239.

225. Paris, 23 janvier 1655. Lettres de relief pour JEAN TRICAUD, avocat en parlement, grenetier et juge au grenier à sel de Belley, issu de la noble famille des Tricaud en Beaujollais, et fils de Jean Tricaud, qui après avoir servi le roi comme capitaine du château de Thizy, s'était établi depuis à Belley, pour y exercer les offices dudit grenier à sel, qu'il avait ensuite résignés à son fils aîné Philibert Tricaud. Celui-ci avait eu besoin de lettres de relief, parce qu'on l'avait compris au rôle des tailles, sous prétexte de la révocation des priviléges des officiers des greniers à sel. Jean son père, se trouvant dans le même cas, obtint de semblables lettres. (R. P. sur lettres de surannation le 4 août 1655.) Voy. n° 202.

226. Paris, février 1655. Lettres de réhabilitation pour SCIPION DU PORT, conseiller assesseur et premier élu en l'élection de Bresse et avocat au présidial de Bourg, en récompense de ses services et comme étant issu de la famille des du Port de Pierre-Chatel, seigneurs de la Balme et Champ-d'Azar, qui étaient d'ancienne noblesse. (R. P. 9, — C. 12 août 1655.) Armes figurées au registre : *Palé, contrepalé d'argent et d'azur de 6 pièces*. Devises : *Cingit et obstat*. Famille des du Port de Montplaisant, de Loriol et de Pontcharra.

227. Paris, mai 1655. Lettres de noblesse pour JACQUES BUGNIET, sieur de Croisettes, de la ville de Seyssel, pour le récompenser de ses services, comme gendarme de la compagnie du roi Louis XII, en Savoie, Piémont, Lorraine et Languedoc, et depuis comme volontaire au comté de Bourgogne, sous le maréchal de Villeroy. (R. P. 5, — C. 8 mai 1656.) Armes figurées au registre : *De gueules à la fasce d'argent, chargée d'un lion passant de sable, armé et lampassé de gueules, et accompagnée de deux cotices d'or*. Voy. n° 269.

228. Paris, janvier 1656. Lettres de noblesse pour ANTOINE FABRY, conseiller du roi, élu en l'élection de Belley, fils de Hugues

Fabry, qui avait servi pendant 15 ans en qualité de procureur syndic de la province de Bugey, et prêté le serment de fidélité lors de la réduction du pays en l'obéissance d'Henri IV. Ce même Hugues, marié à Philiberte de Lucinge, d'ancienne race, était fils d'autre Hugues Fabry et de N. Lempereur, de bonne et ancienne famille. Ces lettres font également mention de Christophe Fabry, procureur syndic de Bugey, d'Ange Fabry, mort avocat au parlement de Paris, et rappellent enfin qu'Antoine Fabry marié à Jeanne de Lune dont il avait deux enfants mâles, fille elle-même de Pierre de Lune, mort lieutenant au régiment de Champagne, et de Claudine de Bauvais, tous deux d'ancienne famille, avait servi dans les armées, avant d'être pourvu de la charge d'élu. (R. P. 8 juillet 1662, — C. 16 juin 1663 après lettres de surannation en 1661.) Voy. n° 290. Armes: *D'or, au lion de sable, lampassé et armé de gueules, accolé d'or, à trois hures de sanglier de sable, 2 et 1*.

229. Paris, janvier 1656. Lettres de noblesse pour PIERRE JALLIER, sieur d'Hautepierre, conseiller du roi et plus ancien président en l'élection de Belley, tant en récompense de ses services dans sa charge et dans plusieurs commissions importantes, qu'en considération de ceux de son père Antoine Jallier, aussi sieur d'Hautepierre, lieutenant en l'élection de Lyon, et président en celle de Belley pendant 25 ans. On lit en outre dans ces lettres, que Pierre Jallier s'était allié aux plus illustres maisons de son voisinage, qu'il tenait la plupart de ses biens en fief, et avait toujours vécu noblement. (R. P. 17 mars, — C. 16 juin 1663, après lettres de surannation en 1661.) Armes figurées au registre : *D'azur, à trois bandes d'or, au chef d'or, chargé de trois têtes de maures de sable liées d'argent.* Cimier : *Un lion issant d'or*. Voy. n° 303.

230. Paris, mai 1656. Lettres de noblesse pour NICOLAS CHESNE, servant près la personne du duc de Mercœur, pair de France, gouverneur et lieutenant général du roi au pays de Provence, en récompense de ses services pendant les derniers mouvements de cette province. On lit dans ces lettres que Nicolas Chesne avait été blessé aux siéges de Tarascon et de Saint-Tropez, et qu'il avait donné d'autres preuves de son affection au roi au blocus de Toulon, au siége de Portcros, et pendant les troubles de la ville de Paris. (R. P. 23 janvier, — C. 3 février 1657.) Armes figurées au registre : *Écartelé aux 1er et 4e, d'argent à un chêne de sinople surmonté de trois étoiles*

de gueules; aux 2e et 3e, d'argent à trois corbeaux de sable, tenant chacun par le bec et les pattes une cigale de sinople, et un lambel d'azur à trois pendants sur le tout. Cimier : *Une étoile de gueules.* Voy. n° 262.

231. Paris, mai 1657. Lettres de noblesse pour JEAN BOZON, de la ville de Belley, qui dès son bas âge ayant servi dans les armées du roi, faisait partie du régiment de Champagne dans la campagne d'Italie, où il avait été blessé au bras. Puis étant entré dans la compagnie des gendarmes du roi, il avait assisté en cette qualité au combat de Castelnaudary, à la prise de Corbie, à la poursuite de Galas en Allemagne, etc. etc. (R. P. 9, — C. 13 juillet 1657.) Armes figurées au registre : *D'or, à trois chevrons d'azur.* Voy. n° 261.

232. Paris, mai 1657. Lettres de noblesse pour FRANÇOIS DE QUINY, sieur de Glana, en récompense de ses services comme volontaire aux châteaux de Dijon et de Bellegarde, et depuis au régiment de Lyonnais en Piémont, ce qui lui avait valu la charge de capitaine en ce même régiment, et aussi en considération des services de son père Charles de Quiny, capitaine.., tué au siége de Saint-Mihiel en Lorraine, et de ses oncles Guy de Quiny, tué devant Flessingue, et Honoré de Quiny, cornette au régiment de la reine, anobli en 1646 et mort, sans enfants, des blessures qu'il avait reçues en Flandre. (R. P. 14 août 1657, — C. 1 avril 1658.) Armes figurées au registre : *D'azur, au chevron d'or, accompagné de trois casques d'argent, posés de profil.* Voy. nos 195 et 260.

233. Dijon, 13 novembre 1658. Lettres de réhabilitation pour CLAUDE PARISOT, sieur de Boisfay, gentilhomme ordinaire de la fauconnerie du roi, exempt des gardes du duc d'Orléans, ci-devant capitaine de 100 hommes d'armes dans le régiment de Gasté, et capitaine au régiment de Tavannes, et pour SAMSON PARISOT, sieur de Saint-Michel, prieur du prieuré de Moustier en l'Isle, à cause de la dérogeance de leur père Nicolas Parisot, qui avait fait le trafic de marchandise, et comme étant issus de parents nobles, ainsi qu'il résultait d'une sentence de l'intendant de Champagne, rendue sur enquête en 1641 en faveur de François Parisot, écuyer, sieur de Montroye, leur cousin issu de germain. On lit dans ces lettres que Claude Parisot avait toujours vécu noblement, et qu'il avait eu deux

fils, le second servant encore dans la garnison de Thionville, l'aîné mort au service étant capitaine et lieutenant de mestre de camp au régiment de Bourgogne, et lieutenant du grand prévôt de France. (R. P. 17 décembre 1659, — C. 16 juin 1660.) Armes figurées au registre : *D'or, à l'aigle éployée de sable, accompagnée à dextre et à senestre de deux roses de gueules, au chef de gueules, chargé de deux étoiles d'or.*

234. Lyon, décembre 1658. Lettres de chevalerie et de noblesse pour Samuel Guichenon, sieur de Pain Essuit. Samuel Guichenon, avocat à Bourg, historiographe de France et de Savoie, est le savant et judicieux auteur de l'*Histoire généalogique de la maison de Savoie*, et de l'*Histoire de Bresse et de Bugey*. Ses lettres de noblesse, accordées en considération de ce qu'il avait composé l'*Histoire de Bresse*, furent enregistrées à la chambre des comptes de Bresse les 7 et 17 mai 1659 et vérifiées par arrêt contradictoire de la cour de Bresse[1], rendu contre les syndics de la noblesse de Bresse et ceux de la ville de Bourg, le 7 mai de la même année. L'assemblée de la noblesse de Bresse décida en outre par délibération du 15 juillet 1662 que, quoi qu'il eût été résolu qu'aucun nouvel anobli n'y aurait entrée, le chevalier Guichenon y entrerait en considération des services qu'il avait rendus à la noblesse. Néanmoins les élus condamnèrent en 1674 son fils Antoine-François Guichenon au payement du droit de franc-fief. Armes : *De gueules, au sautoir d'or, engoulé de quatre têtes de léopard de même, chargé en cœur d'une autre tête de léopard du champ.*

235. Lyon, 14 décembre 1658. Lettres de relief et de maintenue pour Jean-Michel Lomelle. (R. sur lettres de surannation, le 18 juin 1661, à la cour souveraine de Bresse). Ne serait-ce pas un membre de la famille des Lomellini d'Italie qui porte : *Coupé de gueules sur or?*

236. Paris, juin 1659. Lettres de noblesse pour Claude Thiroux, avocat au parlement, enquesteur aux bailliages d'Autun et Montcenis, vierg d'Autun, et élu du tiers état de la province de Bourgogne. (R. P. 4, — C. 14 août 1659.) Armes figurées au registre : *Tiercé*

[1] Cette cour souveraine de Bresse n'eut qu'une existence éphémère. Créée par Louis XIV, elle fut supprimée dès l'année 1661, sur les instances et grâce aux sacrifices pécuniaires du parlement de Dijon. Il en fut de même de la chambre des comptes de Bresse.

en fasce, au 1er d'argent à une croisette ancrée de gueules, au 2e d'azur, à trois bandes d'or, au 3e d'azur, à trois têtes de lion d'or, lampassées de gueules. Ancienne famille bourgeoise d'Autun, qui a fourni des viergs ou maires à cette ville, et des officiers à ses diverses juridictions. Voy. n° 250.

237. Paris, 20 juin 1659. Lettres de relief pour DANIEL MOUCHET, sieur de Vauzelles, chevalier de Saint-Michel, maréchal des camps et armées du roi et capitaine-major au fort de Monthulin, issu de race noble et dont le trisaïeul Guyon Mouchet, chevalier, seigneur de Chasteau Rouilland, bailli du Charollais, avait eu pour fils Guillaume, seigneur de Saint-Romain et d'Azu, Daniel et Claude. Daniel seigneur de la Beluze, capitaine d'une compagnie de chevau-légers, tué au siége de Paris, laissa Antoine et Pierre Mouchet; celui-ci commanda une compagnie de cavalerie à Saint Jean de Losne, sous les ordres d'Adrien Mouchet son cousin. Quant à Antoine, il prit à ferme les seigneuries de Lessertot, du Brulat et du Rousset, et fit quelques trafics, ce qui obligea son fils Daniel, après avoir servi avec distinction dans les armées de Flandre et d'Italie, à demander des lettres de relief. (R. P. 29 novembre 1662, après lettres de surannation.) Armes : *De gueules à trois émouchets d'argent.* Voy. n° 927.

238. Fontainebleau, juillet 1659. Lettres de noblesse pour PIERRE DE MILLIERS, originaire de Belley en Bugey, en récompense de ses services militaires, tant en qualité de chevau-léger, que de maréchal-des-logis d'une compagnie de chevau-légers, et lieutenant dans un régiment de cavalerie, ayant assisté à plusieurs siéges et batailles dans les campagnes d'Italie. (R. P. 8 mai,— C. 26 novembre 1664, en suite de lettres de surannation.) Armes figurées au registre : *D'azur, au sautoir d'argent.* Voy. n° 291.

239. Toulouse, novembre 1659. Lettres de relief pour JEAN-FRANÇOIS AYMON DE MONTÉPIN, gendarme de la compagnie de la garde du roi, dont les services militaires sont longuement énumérés, mais qui, quoique tirant sa noblesse de Jean Aymon, confirmé le 27 novembre 1499 par le duc de Savoie dans le privilége d'exemption à lui accordé par le précédent duc de Savoie, et de Philibert Aymon, fils de Jean, confirmé dans les mêmes exemptions par lettres du 22 février 1508, et qualifié secrétaire du duc de Savoie et trésorier de

la duchesse sa mère, avait été compris au rôle des tailles de Bresse. (R. P. 4 août 1663.) Détails généalogiques. Voy. n°s 168, 176, 180 et 224.

240. Avignon, mars 1660. Lettres de noblesse en récompense de leurs services militaires pour Nicolas, Jean et Jacques Fromager, sieurs de Nogent lez Montbard, fils de défunt Edme Fromager, héraut d'armes du titre de Berry, et frères de Louis Fromager, décédé de ses blessures au siége de Mouzon. (R. P. 29 avril, — C. 3 juin 1660.) Armes figurées au registre : *D'azur, à trois dauphins d'argent adossés.* Voy. n° 251.

241. Paris, décembre 1660. Lettres de déclaration de noblesse pour Claude de Touzin, écuyer, sieur de Mercy, dont le père Pierre de Touzin, sieur de Mercy, Saint-Prix et Largillac, natif de Guyenne, s'était retiré en Bourgogne où il avait épousé une demoiselle de maison noble, et qui, ayant servi le roi en qualité de gendarme de la compagnie des 100 hommes de ses ordonnances, puis dans l'arrière ban de la province, et comme chevau-léger dans la compagnie du chevalier de Tavannes, avait été honoré de la charge de gentilhomme de la chambre. Son fils Claude, écuyer des écuries du roi, demanda des lettres de reconnaissance de noblesse pour remplacer ses titres pris ou brûlés, et comme étant issu d'une ancienne famille noble à laquelle appartenait Alexandre de Touzin, écuyer, sieur de Berois, cousin germain de son père, gouverneur de la ville d'Ardres et chevalier de Saint-Michel. (R. P. 28 juillet, — C. 21 novembre 1661.)

242. Paris, janvier 1661. Lettres de noblesse pour Nicolas Bastonnier, lieutenant de la mestre de camp du régiment de cavalerie du comte de la Mothe, natif de Dijon, en récompense de services militaires longuement énumérés. On lit dans ces lettres que Nicolas Bastonnier était issu d'honnête famille, et elles font mention de son père mort fameux avocat au parlement de Dijon, de son ayeul médecin de Henri IV et d'un de ses oncles, gendarme, tué à la bataille de Fontaine-Française. (R. P. 7 février, — C. 5 avril 1661.) Armes figurés au registre : *D'azur, au chevron d'or, accompagné de trois étoiles d'argent, celle de la pointe soutenue d'un croissant de même.*

243. Paris, janvier 1661. Lettres de noblesse accordées à JEAN DE GRANGES, écuyer de la grande écurie du roi, demeurant à Seyssel en Bugey, pour récompenser ses services militaires longuement énumérés, comme volontaire, gendarme et cornette dans plusieurs régiments et aussi pour reconnaître en sa personne ceux de deux de ses frères morts au service. (R. P. 8, — C. dernier février 1662.) Armes figurées au registre : *De gueules, fretté vairé de sable et d'argent, au chef d'or*. Voy. n° 258.

244. Fontainebleau, mai 1661. Lettres de noblesse pour JACQUES DUPUIS, lieutenant de la mestre de camp, major du régiment de Feuquières, major de Verdun, et pour son frère ABRAHAM DUPUIS, major du régiment de cavalerie du cardinal Mazarin, en récompense de services militaires rendus dans différents grades et longuement énumérés. On y lit qu'Abraham Dupuis, plusieurs fois blessé, avait fait vingt-et-une campagnes, et assisté à trente-trois siéges et à douze batailles ou combats. (R. P. 30 juin, — C. 5 juillet 1661.) Armes : *De sinople, à une tour d'argent, maçonnée de sable et soutenue de deux lions affrontés d'or*. Voy. n° 266.

245. Fontainebleau, juillet 1661. Lettres de noblesse pour THOMAS MARIE, lieutenant général au bailliage et siége présidial d'Auxerre, maire de la dite ville pendant dix ans, en récompense des services qu'il avait rendus dans l'exercice de ces charges et dans diverses commissions importantes, ayant entr'autres choses, pendant les derniers troubles, conservé, au péril de sa vie, la ville d'Auxerre dans l'obéissance du roi [1]. (R. C. 16 décembre 1664.) Armes figurées au registre : *D'azur, à la bande d'or, chargée de trois fers de dard de gueules et accompagnée de deux têtes de cerf d'or, posées de profil*. Grand nombre d'officiers aux bailliage et siége présidial d'Auxerre. Voy. n° 254.

246. Paris, avril 1662. Lettres de noblesse pour ETIENNE BERTON, conseiller du roi en ses conseils et au présidial de Lyon, seigneur de Flassé et de Villard, en récompense de ses services. (R. P. et C. avec les lettres de confirmation et de surannation en 1670.) Voy. n° 252.

247. Paris, 25 avril 1662. Lettres de relief pour FRANÇOIS TARDY, conseiller aux bailliage et siége présidial de Bourg en Bresse, issu de

[1] Lors de la bataille de Bléneau.

Jaquemard Tardy, de Pont-de-Vaux en Bresse, anobli le 22 février 1437 par Louis de Savoie, prince de Piémont, et dont les ancêtres avaient toujours vécu noblement, jusqu'à Claude Tardy, bisaïeul de l'exposant qui, sur ses vieux jours, avait exercé l'office de notaire sans cesser néanmoins de prendre le titre de noble, et avait eu pour fils Claude Tardy, mort doyen des avocats au siége de Bourg et pour petit-fils Philibert, mort doyen des conseillers au même siége, père de l'exposant. (R. P. 26 juillet 1662.) Voy. n° 296. Armes : *D'azur au chevron d'argent, accompagné de trois étoiles de même ; et un chef aussi d'argent.*

248. Paris, 6 mai 1662. Lettres de confirmation de noblesse pour Charles de Thoisy, seigneur de Rancy, Molaise, Joude et Villard, issu d'une des plus anciennes familles du duché de Bourgogne qui avait possédé des plus belles charges et dignités de la province, entre autres Pierre de Thoisy, écuyer du duc de Bourgogne et bailli d'Autun, père de Nicolas de Thoisy, trisaïeul de l'exposant. On lit dans ces lettres que Charles de Thoisy ayant été inquiété pour la taxe des francs-fiefs, n'avait pu produire ses titres de noblesse brûlés en 1653 avec ses maisons de Rancy et de Molaise, où ils étaient déposés. (R. P. 14 juillet 1667.) Voy. n° 30.

249. Paris, avril 1664. Lettres de noblesse pour Jean Garon, conseiller du roi, élu en l'élection de Bourg, seigneur de la baronnie de Chastenay, en récompense de ses services dans l'exercice de sa charge et dans plusieurs commissions où il avait été employé dans la province de Bresse. (R. P. 16, — C. [illegible] juin 1664.) Armes figurées au registre : *D'azur, à trois croisettes ancrées d'or et un besant d'or posé en abyme.* Cette famille a fourni des officiers à l'élection et au bailliage de Bourg et aux parlements de Dombes et de Bourgogne.

250. Paris, 9 décembre 1664. Confirmation des lettres de noblesse accordées en 1659 à Claude Throux et révoquées par la déclaration de 1664. (R. P. 14, — C. 26 novembre 1665.) Voyez n° 236.

251. Fontainebleau, août 1666. Confirmation des lettres de noblesse accordées en 1660 à Nicolas, Jean et Jacques Fromager, et révoquées par la déclaration de 1664. (R. P. 27 janvier 1667.) Voy. n° 240.

252. Saint-Germain-en-Laye, novembre 1666. Confirmation des lettres de noblesse accordées en 1662 à ETIENNE BERTON, et révoquées par la déclaration de 1664. (Reg. avec lesdites lettres et en suite de lettres de surannation au P. 21, — C. 28 février 1670.) Voyez n° 246.

253. Saint-Germain-en-Laye, janvier 1667. Confirmation des lettres de noblesse accordées en 1645 à GEORGES FILSJAN, et révoquées par la déclaration de 1664. (R. P. 14, — C. 18 février 1667.) Voy. n° 192.

254. Saint-Germain-en-Laye, mars 1667. Confirmation des lettres de noblesse accordées en 1661 à THOMAS MARIE, écuyer, baron d'Avigneau, et révoquées par la déclaration de 1664. (R. C. 22 novembre 1669.) Voy. n° 245.

255. Saint-Germain-en-Laye, avril 1667. Lettres de confirmation de noblesse accordées à PHILIPPE-EMMANUEL DE ROYER, écuyer, sieur de Saint-Micault, colonel lieutenant du régiment d'infanterie du prince de Condé, en récompense de ses services militaires très-longuement énumérés, et comme étant issu de Philibert Royer, anobli par le duc Philippe le Bon, en 1434, avec dispense de rapporter ses titres de filiation perdus lors de la prise de Saint-Gengoux, dont Philippe de Royer, père dudit Philippe-Emmanuel, était gouverneur en 1589. (R. P. 18, — C. janvier 1668.) Voy. n° 50.

256. Saint-Germain-en-Laye, mai 1667. Lettres de confirmation des lettres de maintenue de noblesse accordées en 1648 à PIERRE DE TRUCHYS, seigneur de Lays, et révoquées par la déclaration de 1664. (R. P. 17 juin 1667.) Voy. n° 199.

257. Compiègne, juin 1667. Lettres de relief pour JEANNE CATHERINE, veuve de Théodore Bonnot, avocat à la cour, comme issue de père et ayeul conseillers au parlement qui lui avaient, par leurs charges, acquis la noblesse ; elle avait dérogé par mariage. (R. P. 22 mars 1668.) Catherine portait : *D'azur, à trois roues garnies de rasoirs d'or.* Famille originaire de Saint-Jean-de-Lône ; elle a fourni des conseillers au parlement et des trésoriers de France.

258. Saint-Germain-en-Laye, septembre 1667. Confirmation des lettres de noblesse accordées en 1661 à JEAN DE GRANGES, sieur de Belmont, écuyer de la grande écurie du roi, et révoquées par la déclaration de 1664. (R. P. 9 mars, — C. 8 mai 1668.) Voy. n° 243.

259. Saint-Germain-en-Laye, octobre 1667. Confirmation des lettres de noblesse accordées en 1646 à Raymond Tuferry, sieur de Trapenard, et révoquées par la déclaration de 1664. (R. P. 10 décembre 1667.) Voy. n° 193.

260. Paris, 19 novembre 1667. Confirmation des lettres de noblesse accordées en 1657 à François de Quiny, sieur de Malmont, et révoquées par la déclaration de 1664. (R. P. 16 novembre 1668.) Voy. n°s 195 et 233.

261. Paris, janvier 1668. Confirmation des lettres de noblesse accordées en 1657 à Jean Bozon, ci-devant lieutenant d'une compagnie au régiment de cavalerie du sieur duc de Créquy, habitant de la ville de Belley, et révoquées en 1664. (R. P. 14 décembre 1668.) Voy. n° 231.

262. Saint-Germain-en-Laye, mai 1668. Confirmation des lettres de noblesse accordées en 1656 à Nicolas Chesne, et révoquées par la déclaration de 1664. (Point d'enregistrement.) Voy. n° 230.

263. Saint-Germain-en-Laye, 6 juin 1668. Lettres de maintenue de noblesse pour Jean d'Arlay, lieutenant général en la chancellerie d'Autun, Charles d'Arlay, grand archidiacre et chanoine en l'église cathédrale d'Autun, et François d'Arlay, maître ordinaire en la chambre des comptes de Dijon, dont le premier, Jean, avait été imposé aux tailles ainsi que leur père, Barthélemy d'Arlay, vierg d'Autun, quoiqu'issus d'une très-ancienne et noble famille du comté de Bourgogne et n'ayant jamais dérogé, à cause de la difficulté qu'ils avaient de recouvrer les titres justificatifs de leur noblesse tous déposés dans le comté de Bourgogne. (R. P. 1er février 1669 et 29 novembre 1673.) Longs détails généalogiques depuis Pernot et Reynaud d'Arlay, écuyers, vivant en 1327, fils de Ponce d'Arlay, qui avait fait une fondation au bourg d'Arlay, en Franche-Comté. Armes : *D'argent, à la fasce de sable*. Voy. n° 279.

264. Saint-Germain-en-Laye, août 1668. Confirmation en faveur de Henri-Joseph de Jarry, sieur de Cessey, et Philibert de Jarry, sieur de la Jarrie, des lettres de noblesse accordées en 1648 à Antoine de Jarry, leur père, et révoquées par la déclaration de 1664. (R. P. 11, — C. 14 février 1669.) Voy. n° 198.

265. Saint-Germain-en-Laye, septembre 1668. Lettres de no-

blesse pour René de Maritain, sieur d'Availly, gentilhomme ordinaire de la chambre du roi, ci-devant lieutenant d'infanterie au régiment d'Uxelles, en récompense des services qu'il avait rendus dans les armées, à l'exemple de son père et de son ayeul, ayant été blessé dans plusieurs rencontres. On lit dans ces lettres que René de Maritain avait pris la qualité d'écuyer sur le fondement de l'édit de 1600 qui permettait de la prendre à ceux issus d'ayeul et père ayant fait profession des armes, mais qu'il avait été recherché sur ce fait, parce qu'il avait négligé jusque-là de prendre des lettres de noblesse. (R. P. 30 mars, — C. 21 mai 1669.) Armes figurées au registre : *parti d'azur et de gueules, au chevron d'or brochant sur le tout.*

266. Saint-Germain-en-Laye, septembre 1668. Confirmation des lettres de noblesse accordées en 1661 à Jacques et Abraham Dupuis, et révoquées par la déclaration de 1664. (R. P. 8, — C. 12 août 1669.) Voy. n° 244.

267. Paris, décembre 1668. Confirmation des lettres de noblesse accordées en 1654 à Antoine de Guinant, capitaine de vaisseau, et révoquées par la déclaration de 1664. (R. P. 12, — C. 24 janvier 1669.) On lit dans l'arrêt du conseil qu'Antoine de Guinant, avait été honoré du collier de Saint-Michel en 1654. Voy. n° 217.

268. Paris, janvier 1669. Lettres patentes portant permission à Jean Morelet, écuyer, seigneur de Couchey, et à ses deux neveux Jean, conseiller du roi en ses conseils, doyen de Beaune, chanoine de la Sainte-Chapelle de Dijon et élu du clergé, et Bénigne, écuyer, de reprendre les anciennes armes de leur famille, savoir : *un écu d'azur, à la tête de maure d'argent, liée de gueules,* et pour cimier *une même tête de maure,* auxquelles un de leurs auteurs avait ajouté comme signe de cadet *deux coquilles d'or au chef de l'écu.* On lit dans ces lettres que Jean Morelet et ses neveux étaient issus, par sept et huit degrés, de Guillaume Morelet, chevalier [1]. (R. P. 8, — C. 12 avril 1669.) Cette famille a fourni un connétable de l'artillerie du roi de Portugal, des officiers à la chambre des comptes et des officiers de divers grades.

269. Saint-Germain-en-Laye, juillet 1669. Confirmation à la requête de François Bugniet, qui, dès l'âge de 17 ans, avait servi

[1] Chevalier croisé en 1246.

comme enseigne dans le régiment du Plessis, des lettres de noblesse accordées en 1655 à Jacques Bugniet, sieur de Croisette, son père, gendarme du roi, et révoquées par la déclaration de 1664. (R. P. 7, — C. 11 décembre 1669.) Voy. n° 227.

270. Saint-Germain-en-Laye, mars 1670. Confirmation en faveur de Claude Colliex, sieur de Richemont, des lettres de noblesse accordées en 1654, à Claude Colliex, son père, et révoquées par la déclaration de 1664. (R. P. 1, — C. 3 juillet 1670.) Voy. n° 221.

271. Saint-Germain-en-Laye, août 1670. Lettres de noblesse pour Etienne de Corvault, conseiller et maître d'hôtel ordinaire du roi, commissaire général provincial des guerres en Bourgogne, en récompense de ses services militaires longuement énumérés, tant en qualité de chevau-léger et d'enseigne d'infanterie que comme commissaire des guerres, charge dans laquelle il avait succédé à son oncle, Guillaume de Corvault, décédé en 1633. (R. P. 18 mars, — C. 1er juin 1671.) Armes figurées au registre : *D'azur, à trois coquilles d'or;* cimier : *une syrène au naturel tenant dans sa main senestre un peigne dont elle peigne ses cheveux et dans sa dextre un miroir.*

272. Paris, 30 août 1671. Lettres de relief pour Claude-Henriette Dubois, fille de feu Jean Dubois, écuyer, et d'Elisabeth de Choiseul, qui avait dérogé par son mariage avec Claude Desbois, avocat au parlement. (R P. 11 janvier 1672.) Détails généalogiques sur la famille Dubois de la Servette, depuis noble Jean Dubois, châtelain de Saint-Trivier en 1540. Dubois : *D'azur, au chevron d'or, accompagné de trois quintefeuilles de même.* Famille originaire de Savoie.

273. Versailles, 24 mars 1672. Lettres de relief pour Claude et François d'Escrivieux, issus d'une ancienne et noble famille, étant fils de Charles d'Escrivieux, écuyer, sieur de Genost, et arrière-petits-fils d'Antoine, dont l'aïeul, Charles d'Escrivieux, sieur de Genost, avait été maître des requêtes du roi Louis XI. L'aïeul des exposants avait dérogé en exerçant l'office de procureur à Mâcon. (R. P. 15 juin 1672.) Détails généalogiques depuis Jacques d'Escrivieux, avocat du roi au bailliage de Mâcon et Jean, son frère, vivant en 1552. Armes : *D'or, au chevron d'azur.*

274. Saint-Germain-en-Laye, 16 juillet 1672. Confirmation de noblesse en faveur de Claude de Rimond, conseiller, secrétaire du roi, maison couronne de France et de ses finances, lieutenant aux bailliage et siége présidial de Mâcon, et de son frère, Charles de Rimond, avocat en parlement, petits-fils d'André de Rimond, lieutenant général au même siége, qui avait obtenu, en 1594, des lettres de noblesse dont la mort l'avait empêché d'obtenir l'enregistrement et qui depuis avaient été perdues pendant un grand laps de temps. (R. C. 27 janvier 1699 après lettres de surannation.) Voy. n°s 130 et 134.

275. Saint-Germain-en-Laye, 18 août 1672. Lettres de relief pour Baltazarde de Forcrand, veuve de Jacques de Lilias, châtelain de Montréal en Bugey, qui avait dérogé par mariage. (R. P. 15 décembre 1674.) Détails généalogiques depuis Philippe et Barthélemy de Forcrand, qualifiés nobles, qui achetèrent en 1517 la maison forte et la seigneurie de Coyselet. Baltazarde descendait de Barthélemy au quatrième degré. Armes : *D'azur, au lion d'or, au chef d'argent.*

276. Saint-Germain-en-Laye, janvier 1673. Lettres de réhabilitation accordées à Jean Colin, avocat au parlement de Bourgogne, seigneur de Flavignerot, à cause de la dérogeance de son père et de son aïeul, dont le premier avait pris la qualité de praticien et le second avait exercé le greffe de la mairie de Dijon, et comme étant issu de noble et ancienne race, dont les membres avaient toujours vécu noblement et même possédé des charges de conseiller au parlement et maître en la chambre des comptes de Bourgogne. (R. P. 24 mars, — C. 17 juillet 1673.) Armes : *d'azur, à trois colonnes d'or mises en pal.* Voy. n° 282.

277. Saint-Germain-en-Laye, décembre 1673. Lettres de noblesse pour Léonard Venot, sieur de Noisy, capitaine au régiment de Champagne, en récompense de ses services militaires longuement énumérés (R. P. 9 mars 1674). Armes figurées au registre : *D'azur, au sautoir d'or, accompagné de quatre croissants d'argent.* Originaire de Montcenis, cette famille a fourni des officiers au parlement et à la chambre des Comptes.

278. Saint-Germain-en-Laye, 15 janvier 1674. Confirmation en faveur de Joseph de Rémond, ci-devant mousquetaire de la garde du roi, fils de Nicolas de Rémond, capitaine au régiment d'infanterie de Montjeu pendant vingt-cinq ans, dont les ancêtres avaient toujours vécu noblement pendant 200 ans, des lettres de noblesse accordées à sondit père en 1655 et révoquées par la déclaration de 1664 (R. P. 2 décembre 1675, — C. 7 août 1676 sur lettres de surannation). Voy. nos 223, 288 et 293.

279. Versailles, 18 avril 1674. Lettres de relief pour Barthélemy d'Arlay, seigneur de Morcoux, conseiller du roi, lieutenant général au bailliage d'Autun, et Claude-Nicolas d'Arlay, son frère, seigneur de Meunot, issus d'une ancienne famille noble de Franche-Comté, établie en Bourgogne en 1480 (R. P. 8 août 1674). Voy. n° 263.

280. Versailles, 1er août 1674. Lettres de relief pour François, Alphonse, Claude et André de Charolles, d'une très-ancienne famille noble de Bourgogne, mais qui, quoique leur oncle François de Charolles, écuyer, sieur de Saint-Aubin, eût été maintenu en 1669 par l'intendant Bouchu, craignaient d'être troublés dans la jouissance de leur noblesse, à cause de quelques actes de dérogeance de Pierre de Charolles, leur père (R. P. 15 juillet 1675). Détails généalogiques depuis Jean de Charolles, qualifié écuyer en 1521. Armes : *D'azur, au bourdon de pèlerin d'or, accosté de deux coquilles de même.*

281. Versailles, 18 octobre 1674. Lettres de relief pour Philibert de Cret, seigneur de Lys et de Saint-Léger, à cause de la dérogeance de Claude de Cret, son aïeul, dont le fils Jean était gendarme de la compagnie de Brézé en 1665, et sur preuves de filiation depuis Philippe de Cret, écuyer en 1482 (R. P. 18 janvier 1676). Armes : *D'azur, au chevron d'or, accompagné en chef de deux mouchetures d'hermine d'argent, et en pointe d'une ancre de même.*

282. Saint-Germain-en-Laye, 3 décembre 1674. Lettres de relief pour Antoine Colin, cavalier dans la compagnie d'ordonnance du duc d'Enghien, seigneur en partie de Flavignerot, frère de Jean Colin, qui avait obtenu de semblables lettres de relief en 1673 (R. P. 21 novembre 1675). Voy. n° 276.

283. Versailles, septembre 1675. Lettres de maintenue de noblesse pour Claude de la Roche de Villars, ci-devant capitaine au régiment d'infanterie de Vandy, natif de Beaumont en Argonne, dont les titres de famille avaient été brûlés en 1632, ce qui l'em-

pêchait de prouver sa noblesse depuis 1560, conformément aux ordonnances, devant l'intendant Bouchu qui l'avait fait assigner. Détails sur les services militaires du requérant, de ses quatre fils, dont trois morts au service, et d'un frère qui avait servi pendant trente ans dans la cavalerie (R. P. 3 décembre 1675).

284. Dijon, 29 novembre 1675. Lettres de relief pour JEANNE DE COURROY, qui avait dérogé par son mariage avec Étienne Pichot, demeurant à la Rochette en Auxois. Elle était fille de Jean de Courroy, écuyer, qui avait toujours vécu noblement, et de Denise de Beaujeu, et sœur de Jean de Courroy, maintenu par l'intendant Bouchu en 1669 (R. P. 2 décembre 1675). Armes : *D'or, au chevron de sable, accompagné de trois merlettes de même.* Voy. nº 295.

285. Saint-Germain-en-Laye, 16 janvier 1676. Lettres de maintenue de noblesse pour FRANÇOIS DE THÉSUT, issu de l'une des plus anciennes familles de noblesse du comté de Charollais, dont les ancêtres avaient toujours été reconnus nobles dans les assemblées des Etats et dans les convocations du ban et de l'arrière-ban, même par les parlements et chambres de francs-fiefs de Paris et de Dijon, et dont plusieurs cousins du même nom avaient été maintenus dans leur noblesse par jugement souverain de l'intendant Bouchu en 1667. Dans la crainte qu'on ne voulût le priver de son privilége de noblesse, sous prétexte que lui et son père avaient été compris au rôle des tailles de la ville de Châlon, François de Thésut s'adressa au roi qui lui accorda ses lettres de maintenue (R. P. 16 décembre, et C., après vérification de sa généalogie, 18 décembre 1676). Voy. nºˢ 126 et 304.

286. Saint-Germain-en-Laye, 5 mars 1676. Lettres de relief pour NICOLE DE SENEVOY, qui avait dérogé par son mariage avec Barthélemy Bruneau, déclaré roturier après s'être qualifié noble. Elle était sœur de Georges de Senevoy, maintenu par arrêt du conseil en 1668 (R. P. dernier juillet 1676). Senevoy : *De gueules, à la bande d'or ; au chef cousu d'azur.* Famille considérable dans la noblesse bourguignonne.

287. Saint-Germain-en-Laye, avril 1676. Lettres de maintenue de noblesse pour ÉTIENNE DE LA MARRE, conseiller du roi, lieutenant général en la chancellerie et maire de Beaune, et pour son fils JEAN-BAPTISTE DE LA MARRE, conseiller du roi, lieutenant général criminel

aux bailliage et chancellerie de la même ville, comme issus de Pierre de la Marre qui, avec son frère Philibert, avait obtenu en 1585 des lettres de noblesse du roi Henri IV, dans la crainte que, quoique issus d'une ancienne famille dont la noblesse ne pouvait être contestée, on ne leur opposât quelque acte et dérogeance de leurs père et aïeul. De Pierre de la Marre, pourvu à la charge de conseiller au parlement après son anoblissement, était descendu Pierre, maître des comptes, et Philibert, lieutenant général de la chancellerie, duquel étaient issus : 1° Philibert, seigneur de Chevigny et du Port de Paleau, premier conseil de la province de Bourgogne, maintenu dans sa noblesse par jugement de l'intendant Bouchu en 1666 et 1669 ; 2° Etienne, qui fut obligé de demander les lettres de confirmation de 1676, parce que, quoiqu'ayant toujours vécu noblement, il s'était laissé induement comprendre avec son fils au rôle des tailles (R. P. 13, — C. 23 juillet 1676). Voy. n° 124.

288. Saint-Germain-en-Laye, 29 décembre 1676. Lettres de relief de noblesse pour Claude Rémond, ci-devant conseiller du roi, lieutenant général criminel au bailliage de la Montagne, et Remy Rémond, aussi ci-devant receveur des impositions au même bailliage, qui avaient été compris indûment au rôle des tailles à Châtillon-sur-Seine, quoique la noblesse fût acquise à leur famille, tant par les emplois que leurs ancêtres avaient possédés que par le nombre d'années que la qualité de noble et d'écuyer y était attachée, ayant établi leur filiation depuis Jean Rémond, conseiller du duc de Bourgogne et bailli de la Montagne en 1471 (R. C., après vérification de leur généalogie, le 22 mai 1677). Voy. n°s 223, 278 et 293.

289. Saint-Germain-en-Laye, janvier 1677. Lettres de noblesse pour Thomas Rollet, en considération de ses honorables extraction et lignée, et pour récompense de ses services militaires longuement énumérés et de ceux de ses fils qui servaient également dans les armées de Sa Majesté (R. P. 13 janvier, — C. 5 février 1678).

290. Fontainebleau, septembre 1677. Confirmation accordée en récompense de leurs services à Joseph Fabry, conseiller et avocat du roi au bailliage de Belley, et à son frère Jean-François, servant dans la première compagnie des mousquetaires du roi, des lettres de noblesse, obtenues en 1656, par leur père, Antoine Fabry, et révoquées par la déclaration de 1664 (R. P. 23, — C. 18 juillet 1678). Voy. n° 228.

291. Saint-Germain-en-Laye, février 1679. Confirmation des lettres de noblesse accordées en 1659 à Pierre de Milliers, de la ville de Belley et révoquées par la déclaration de 1664 (R. P. 30 juin,— C. 3 juillet 1679). Voy. n° 238.

292. Saint-Germain-en-Laye, 18 janvier 1680. Lettres de maintenue de noblesse pour Claude Regnault, écuyer, sieur de la Piedmante, dont la famille avait été reconnue noble par jugement de l'intendant Bouchu en 1670, mais qui craignait qu'on ne lui imputât à dérogeance la profession d'apothicaire à Lyon, qu'avait exercée son père (R. P. 29 novembre 1680). Détails généalogiques sur les Regnault, seigneurs de Vaux et de Mespillia, depuis Jean Regnault, qualifié noble et écuyer, seigneur de Pirolier, docteur en droit, procureur du roi en la ville de Crozat en 1527. Armes : *D'azur à trois chevrons d'or.*

293. Saint-Germain-en-Laye, 15 avril 1680. Lettres de relief de noblesse accordées à Joseph Rémond, sieur d'Inseville, conseiller du roi, auditeur en la chambre des comptes de Dijon, sur les mêmes motifs que celles obtenues en 1676 par Claude Rémond, son frère consanguin, et Remy Rémond, son cousin-germain (R. P. 2. — C. 13 août 1680). Voy. n°s 223, 278 et 288.

294. Valenciennes, 27 mai 1684. Lettres de relief de noblesse pour Jean Girardot, écuyer, vicomte de Lignon, seigneur de Bussières, capitaine au régiment de Piémont, capitaine des chasses de Meudon, dont les ancêtres, originaires de la baronnie de Vadan en Franche-Comté, avaient toujours vécu noblement. Jean Girardot, son bisaïeul, seigneur de Razi-Fontenay, contrôleur en la saunerie de Salins, demeurant à Mortaux, bailliage de Pontarlier, était qualifié noble en 1542. Il fut père de Jean Girardot, commandant la garnison impériale de Besançon, et aïeul de Jean qui vint s'établir à Auxonne où il fit le trafic, ce qui obligea le fils de ce dernier à demander des lettres de relief que ses services militaires lui avaient d'ailleurs méritées (R. P. 26 mai 1685). Armes décrites au registre : *Écartelé aux* 1 *et* 4 *d'azur, à trois croissants d'argent ; aux* 2 *et* 3 *de gueules à trois pins ou pommes d'or.* Cette famille a produit des vice-présidents au parlement de Dôle.

295. Versailles, 29 août 1684. Lettres de réhabilitation pour Jacquette de Courroy, veuve de Jean Maillard, bourgeois de la ville

de Limoges, et demeurant en la verrerie en table de Saulcy, paroisse de Longchamps, et sœur de Jeanne de Courroy, qui avait obtenu de semblables lettres de relief en 1675 (R. P. 22 novembre 1684). Voy. n° 284.

296. Versailles, 23 avril 1686. Lettres de relief de noblesse pour Claude Tardy, avocat au bailliage de Bresse, frère de François, réhabilité en 1662. On lit dans ces lettres qu'ils étaient issus de Jacques-Marc Tardy, de Pontdevaux en Bresse, anobli par le duc de Savoie le 22 février 1437 (R. P. 15 juin 1686). Voy. n° 247.

297. Versailles, 18 mai 1688. Lettres de relief pour Anne de Mochet, qui avait dérogé par son mariage avec Eustache Bailly, procureur aux cours royales de Chalon (R. P. 8 avril 1688). Voy. n° 237.

298. Versailles, 2 novembre 1689. Lettres de relief pour Henri Sylvestre de la Forest, écuyer, conseiller aux bailliage et chancellerie de Dijon, qui était issu de race noble, étant descendu au troisième degré de Jacques Sylvestre de la Forest, écuyer, lieutenant dans les vieilles bandes du régiment de Piémont en 1540, mais avait été compris au rôle des tailles de Dijon à cause de la dérogeance de son père, qui avait fait acte de commerce (R. P. 23 janvier 1691). Armes : *D'or, au chêne arraché de sinople.*

299. Versailles, 28 mars 1690. Lettres de relief pour Theodecte de Monginot, chevalier d'Orthes, seigneur de Saint-Aubin, qui, après être rentré dans le sein de la religion catholique, demanda à être relevé de la dérogeance commise par son père Prudent Monginot, qui avait été compris au rôle des tailles, comme protestant. Le requérant expose qu'il est de race noble, de la province de Champagne, étant issu au quatrième degré de Simon Monginot, qui vivait en 1550, et du côté maternel de Guillaume Tabourot, son trisaïeul, d'une ancienne famille de Bourgogne (R. P. 3 juin 1690). Un de ses parents avait été maintenu par arrêt de la cour des aides de Paris en 1680. Armes : *De gueules, au chevron d'argent, accompagné en chef de deux flammes d'argent et en pointe d'un lion du même ; au chef cousu d'azur, chargé d'une cloche d'or, entre deux trèfles d'argent.*

300. Versailles, 13 septembre 1690. Lettres de relief pour Anne d'Anchemant, qui avait dérogé par son mariage avec André Bizouard,

chevau-léger de la garde du roi (R. P. 29 décembre 1690.) Filiation établie depuis Nicolas Anchemant, qualifié écuyer en 1545 dans un acte de fondation pour l'église de Cuiseaux, où sont rappelés son père, secrétaire de l'empereur Maximilien d'Autriche, son aïeul, son bisaïeul et son trisaïeul, Jacob Anchemant, seigneur de la Poipe et de Frontenay. Anchemant : *D'azur, à trois rocs d'échiquier d'or.*

301. Versailles, 11 août 1691. Lettres de relief pour Philippe Chapuys, écuyer, baron de Corgenon, et Pierre Chapuys de la Fay de Vaudragon, aussi écuyer, capitaine dans le régiment de Rouergue, issus de Durand Chapuys, de la ville de Condrieux, qui vivait en 1395, et dont les descendants avaient toujours vécu noblement et pris la qualité de noble, sauf l'aïeul des exposants, qui avait fait le commerce en gros. En conséquence, les exposants, dont les deux frères étaient récemment morts au service, l'un capitaine au régiment Dauphin, l'autre lieutenant de cavalerie dans le régiment de Langallerie, demandèrent des lettres de relief afin de permettre à Pierre Chapuys, l'un d'eux, d'être reçu, comme il le demandait, chevalier de justice de l'ordre de Notre-Dame du Mont-Carmel (R.P. 10 décembre 1691). Longs détails généalogiques. Armes décrites au registre : *De gueules au chevron d'argent, accompagné en chef de deux roses d'or et en pointe d'un lion de même.* Cimier : *un lion naissant d'or tenant une épée.*

302. Versailles, 8 mai 1692. Lettres de réhabilitation pour Jean du Puy, mousquetaire du roi, et Philippe du Puy, son frère, à cause de la dérogeance de leur aïeul qui s'était engagé dans la marchandise, et comme étant issus de noble et ancienne race, Geoffroy du Puy, dont ils descendaient, ayant eu pour fils et petit-fils un commandeur et un chevalier de Malte, et leurs ancêtres ayant en outre rendu aux rois des services considérables, savoir : Hugues, ancien officier dans la compagnie des gendarmes du roi; Clément, commissaire général de l'artillerie, et Jean, tués tous deux au service; Claude, conseiller au parlement de Paris, et Pierre, conseiller d'Etat[1] (R. P. 16 juillet 1693, et C. 7 décembre 1786, sur lettres de surannation, à la requête de Jacques-Augustin du Puy de Saint-Martin, baron de Semur en Brionnais, lieutenant du roi en Bourbonnais). Armes : *D'or, à la bande de sable, chargée de*

[1] Garde de la Bibliothèque du roi, et connu par son érudition.

trois roses d'argent; au chef d'azur, chargé de trois étoiles d'or. Voy. n° 345.

303. Fontainebleau, septembre 1697. Confirmation pour Charles Jallier des lettres de noblesse accordées en 1656 à Pierre Jallier, sieur d'Hautepierre, son père et révoquées par la déclaration de 1664. Ladite confirmation accordée en exécution de l'édit de 1696, qui avait anobli cinq cents personnes du royaume avec permission aux personnes qui avaient obtenu des lettres de noblesse depuis révoquées d'obtenir lesdites lettres d'anoblissement qui leur vaudraient confirmation en payant finance (R. P. 9, — C. 18 décembre 1698). Voy. n° 229.

304. Versailles, 24 décembre 1697. Lettres de relief pour Claude de Thésut, veuve de Claude Denis, bourgeois de Sagy, qui avait dérogé par son mariage (R. P. 5 mars 1698). Production d'un jugement de franc fief de 1640 et des jugements de maintenue obtenus en 1667 par plusieurs de leurs parents. Voy. n°s 126 et 285.

305. Versailles, mars 1698. Lettres de noblesse en conséquence de l'édit de 1696, portant anoblissement de cinq cents sujets du roi [1], pour André Balme, conseiller du roi, lieutenant général au bailliage de Bugey, en récompense de ses services tant dans la charge de conseiller secrétaire de la cour du parlement de Metz, dont il avait obtenu des lettres de vétérance après vingt-deux ans de service, et dans celle de premier syndic général du pays de Bugey, que dans plusieurs commissions importantes dont il avait été chargé. Il s'était entre autres choses employé sur les ordres du sieur de Harlay, après la révocation de l'édit de Nantes, à la conversion des prétendus réformés dans le pays de Gex, et, *Dieu secondant les bonnes intentions du roi,* il avait fait abjurer cinq mille hommes dans le mois de novembre 1685 (R. P. 30 mai, — 3 juin 1698). Armes : *Tiercé en fasce, au 1 de gueules au lion léopardé d'or; au 2 d'azur à la gerbe de blé d'argent; au 3 de sable à un mont aussi d'argent.* Voy. n° 368.

306. Versailles, août 1698. Lettres de noblesse, en exécution de l'édit de mars 1696, pour Gabriel Cartier, sieur de la Boutière,

[1] Chérin, p. 218.

issu d'une ancienne famille dont les membres avaient servi le roi dans les armées et exercé des charges de judicature à Autun, ayant lui-même servi comme cornette dans la mestre de camp générale, dans la compagnie des gardes du roi, puis en qualité de gentilhomme de la chambre du duc d'Orléans, et enfin comme gentilhomme de la grande fauconnerie du roi. Son fils servait dans les mousquetaires, après avoir été officier dans l'escadron de la noblesse de l'Autunois en 1695 (R. P. 14 mars 1699). Armes figurées au registre : *D'azur, à trois losanges d'or.*

307. Versailles, décembre 1698. Lettres de noblesse, en conséquence de l'édit de 1696, pour ETIENNE TAMISIER, juge visiteur des gabelles du Lyonnais, au département de Bresse, en récompense de ses services dans cette charge depuis l'an 1671, de ceux de son père, Etienne Tamisier, lieutenant criminel en l'élection de Bourg en Bresse, et de ceux de ses fils et petit-fils, Jean-Louis, aide-major au régiment d'infanterie du roi, et Charles-Emmanuel, lieutenant réformé au régiment de cavalerie de Lévy (R. P. 30 janvier, — C. 6 février 1699). Armes : *Coupé: au 1 d'or, à la rose de gueules; au 2 de gueules, au crible d'or; à la fasce d'azur, chargée de trois étoiles d'argent, brochant sur le coupé.*

308. Janvier 1700. Lettres de noblesse, en exécution de l'édit de mars 1696, pour CHARLES-FRANÇOIS FAVIER, conseiller et avocat du roi aux bailliage et siége présidial de Bourg en Bresse (R. P. 9 mars 1700)[1]. Armes : *D'azur, à cinq besans d'argent posés en sautoir.*

309. Versailles, juillet 1700. Lettres de confirmation en faveur de PHILIBERT BERTHOD, l'un des deux cents chevau-légers de la garde du roi, des lettres de noblesse accordées en 1644 à son père Philibert Berthod, et révoquées par la déclaration de 1664, en suite de quoi il avait été recherché comme usurpateur du titre de noblesse (R. P. 3, — C. 18 février 1701). Voy. n° 188.

310. Versailles, juin 1700. Lettres de maintenue de noblesse et d'anoblissement en tant que de besoin, pour HENRI-LOUIS DE LACUSNE, sieur du Thielley (R. P. 18 mars 1701). Armes : *De gueules au chevron d'or, accompagné de trois molettes de même.*

[1] On ne trouve au registre que l'arrêt d'enregistrement sans la copie des lettres de noblesse.

311. Versailles, novembre 1702. Lettres de noblesse pour DANIEL et ANTOINE DU POTET DE CRUSILLES, tous deux chevau-légers de la garde ordinaire du roi, en récompense de leurs services militaires et comme étant de noble race et issus d'ancêtres qui, depuis plus de six vingt ans, avaient toujours fait le métier de la guerre, savoir : Nicolas du Potet, leur bisaïeul, capitaine du château de Duesme ; Antoine Potet ou du Potet, leur aïeul, vétéran en 1647, après vingt-huit ans de service, comme homme d'armes dans la compagnie des gardes du roi, et Philippe, leur père, décédé après avoir servi pendant vingt-sept ans dans la même compagnie de chevau-légers (R. P. 28 novembre 1703. — C. 7 mars 1704). — Est-ce la même famille que les Potet, barons de Saint-Germain, conseillers au parlement de Bourgogne, qui portaient : *D'azur, à trois vases d'or, remplis de trois lis d'argent; aliàs : d'azur, à la fasce d'argent, accompagnée de trois vases d'or?*

312. Versailles, 26 mars 1705. Lettres de relief pour CLAUDE-MARIE DE JOIGNY-BLONDEL de Bellebrune, qui avait dérogé par son mariage avec Nicolas Laurent, receveur au grenier à sel de Saulx-le-Duc et Is-sur-Tille (R. P. 28 juillet 1714, après lettres de surannation). Production d'un arrêt du conseil de 1669, portant maintenue pour François de Joigny-Blondel, père de la requérante, et fils de Henry de Joigny, seigneur de Bellebrune, Nancourt et autres lieux, capitaine des gardes du roi. Armes de Joigny de Bellebrune : *De gueules, à l'aigle d'argent.*

313. Versailles, 20 mars 1706. Lettres de dispense d'un degré de service, en conséquence de l'édit d'octobre 1704 [1], pour ISAÏE GRAVIER, seigneur des Angles et coseigneur de Saint-Vincent-lez-Bragny, Champeaux, etc., conseiller du roi, trésorier général de France au bureau des finances de Dijon, en récompense de son zèle à remplir plusieurs commissions importantes. Armes : *De gueules, à trois merlettes s'essorant d'or.* Famille qui a fourni des officiers au bureau des finances et à la chambre des comptes de Dijon et à laquelle appartenait Charles Gravier de Vergennes, ministre des affaires étrangères sous Louis XVI.

[1] Edit d'octobre 1704 portant dispense d'un degré de service en faveur de quatre officiers de chaque cour supérieure, ou du doyen et sous-doyen des dites cours; il fut révoqué par l'édit d'août 1715. Chérin, p. 278 et 320. L'absence de semblables lettres de dispenses dans les registres du parlement de Dijon nous fait penser que cette cour souveraine n'aura pas profité du bénéfice de cet édit.

314. Versailles, 20 mars 1706. Lettres de dispense d'un degré de service pour acquérir la noblesse en conséquence de l'édit d'octobre 1704, pour Jean Gault, conseiller du roi, trésorier général de France au bureau des finances de Dijon, en récompense de ses services dans l'exercice de sa charge, et dans plusieurs commissions importantes, et pour reconnaître ceux de ses auteurs qui vivaient noblement à Dijon depuis près de deux siècles. Parmi eux, on remarque : Claude Gault, son bisaïeul, auquel ses services dans les armées avaient valu le titre d'écuyer dès 1591, et qui, lors de la Ligue, s'étant trouvé capitaine de cent hommes d'armes à Dijon, et ayant voulu livrer la ville au roi, fut trahi et décapité, avec le maire Bénigne Laverne ; Jean Baudouin, son aïeul maternel, que Henri IV récompensa par une charge d'avocat général à la chambre des comptes, du zèle qu'il marqua pour réduire Dijon en son obéissance ; Michel Gault, son père, échevin de Dijon pendant plus de vingt ans, charge dans laquelle Jean Gault s'était depuis distingué, ainsi que dans celle de consul de la ville, avant d'être pourvu à son office de trésorier. Armes : *D'argent, à deux pals d'azur, accompagnés de trois merlettes de sable posées en fasce ; au chef d'argent, chargé d'un lion naissant de sable.*

315. Versailles, novembre 1706. Lettres de confirmation de noblesse pour N. de Jarsaillon, porte-étendard de la compagnie des chevau-légers de la garde du roi, qui avait servi sans discontinuation depuis 1677, et s'était trouvé, entre autres actions, au siége de Namur, et aux combats de Steinkerque et de Nerwinde. Il était issu d'une noble et ancienne famille de Bourgogne, son aïeul, Cosme de Jarsaillon, ayant été capitaine d'infanterie sous le règne de Henri IV, et son père et lui-même ayant toujours pris le titre de noble et d'écuyer, dont la perte de ses titres de famille l'empêchait de justifier conformément aux ordonnances (R. P. 7 février, — C. 5 mars 1707). Armes : *Tiercé et fascé ; au 1 de gueules, au lion léopardé d'or ; au 2 d'or à trois trèfles de sinople ; au 3 d'argent, à trois bandes de sinople.*

316. Versailles, 15 mars 1710. Lettres de dispense d'un degré de service, en conséquence de l'édit d'octobre 1704, pour Philippe de Chanrenault, conseiller du roi, maître ordinaire en la chambre des comptes de Dijon, issu d'une ancienne famille recommandable par ses services. Armes : *D'azur, à une tour d'or maçonnée de sable,*

la porte et les fenêtres aussi de sable, surmontée d'une étoile d'argent. Famille qui a fourni des officiers à la chambre des comptes et au bureau des finances de Dijon.

317. Marly, 10 septembre 1710. Lettres de dispense d'un degré de service, en conséquence de l'édit d'octobre 1704, pour Claude Vitte, conseiller du roi, maître ordinaire en la chambre des comptes de Dijon, en récompense de ses services pendant vingt-cinq ans dans cette charge, et auparavant dans celle de procureur du roi aux bailliage et chancellerie de Châlon-sur-Saône, et de ceux de ses fils, Jacques, conseiller au parlement de Dijon depuis six ans, et Claude Vitte des Granges, capitaine au premier bataillon du régiment d'Aunel, qui s'était distingué dans plusieurs rencontres. Armes : *D'azur, au sautoir d'or, et un croissant d'argent en chef.* Famille originaire de Châlon.

318. Fontainebleau, 24 août 1711. Lettres de dispense d'un degré de services, en conséquence de l'édit d'octobre 1704, pour Nicolas Simon, conseiller du roi, maître ordinaire en la chambre des comptes de Dijon, depuis 1696. Armes : *D'azur, à une montagne de six coupeaux d'or mouvant de la pointe.*

319. Fontainebleau, 24 août 1711. Lettres de dispense d'un degré de service, en conséquence de l'édit d'octobre 1704, pour Antoine Courtois, conseiller du roi, maître ordinaire en la chambre des comptes de Dijon, en récompense de ses services pendant vingt-trois ans dans l'exercice de cette charge, et pendant huit ans auparavant dans celle de procureur du roi au bailliage de Belley, et aussi en considération des services de Hugues et Guillaume Courtois, ses quadrisaïeul et bisaïeul. Armes : *Écartelé : aux 1 et 4 d'argent, au rinceau de lierre de sinople, mis en fasce, au chef cousu d'or, chargé d'une aigle de sable, qui est de Cortois ; aux 2 et 3 de gueules, à deux lions léopardés d'or à une seule tête, mis en chevron, et une étoile d'argent en pointe.* Antoine Courtois ou Cortois-Humbert, baron d'Attignat, seigneur de Quincey, appartenait à une famille qui a fourni plusieurs officiers au parlement et à la chambre des comptes de Dijon.

320. Versailles, mars 1712. Lettres de noblesse pour Jacques-Arnauld, fils de Joseph de Kalbermatten, chevalier de Saint-Michel, trésorier de Sion, Jean-Antoine, fils de Antoine de Kalbermatten,

secrétaire de ville et magistrat de Sion ; Arnauld, fils de Joseph de Kalbermatten, maire et syndic de ville ; Jean-Pierre, fils d'Etienne, secrétaire de Justice de Sion ; Jean-Barthélemy, fils de Pierre-Maurice, et Joseph, fils de Joseph de Kalbermatten, en récompense des services du premier, et comme étant issus du colonel Nicolas Kalbermatten, grand bailli du Valais, qui avait mérité l'estime de tous les princes catholiques par le soin qu'il avait pris de conserver dans sa patrie le culte de la véritable religion (R. P. 12 décembre 1713, sur lettres de surannation). Autorisation d'ajouter à leurs armes *une fleur de lys d'or couronnée de même en champ d'azur,* le casque sommé d'un *demy vol aussi d'azur, chargé de ladite fleur de lys d'or, couronnée de même.* Devise : Regiæ munificentiæ tessera virtutem auget et ornat.

321. Versailles, 24 mars 1712. Lettres de dispense d'un degré de service pour acquérir la noblesse, en conséquence de l'édit d'octobre 1704, accordées à Pierre Thoreau, conseiller et avocat du roi au bureau des finances de Dijon. Armes : *De gueules, au taureau passant d'argent et au chef d'or chargé de trois croix ou trèfles de sable.*

322. Versailles, 24 mars 1712. Lettres de dispense d'un degré de service pour acquérir la noblesse, accordées à Etienne Baudinet, conseiller du roi et son procureur au bureau des finances de Dijon, en récompense de ses services et pour reconnaître en sa personne ceux de son père Etienne Baudinet dans les diverses charges dont il avait été revêtu en qualité d'échevin, syndic, premier échevin de Dijon et syndic des Etats généraux de la province, et de plusieurs autres de ses parents dans les charges d'avocat général de la feue reine, conseillers au parlement de Paris, trésoriers de France à Dijon, ou dans les armées, entre autres le sieur Richard de Curtil, lieutenant-colonel du régiment de Provence et brigadier des armées du roi, dont le fils, capitaine au même régiment, suivait les glorieuses traces de son père. Etienne Baudinet fut maire de Dijon de 1714 à 1728 ; il portait : *D'azur, au chevron brisé d'or, accompagné en chef de deux étoiles d'argent et en pointe d'une rose de même.*

323. Marly, 17 août 1712. Lettres de relief de noblesse pour Vivande Languet à cause de sa dérogeance par suite de son mariage avec Antoine Brigandet, capitaine au régiment d'Aligny, comme étant

issue de Philippe Languet qui avait été anobli par une charge de secrétaire du roi, contrôleur de la chancellerie du parlement de Dijon. (R. P. 19 novembre 1712.) Armes de Languet : *D'azur, au triangle vidé et renversé d'or, chargé sur les angles de trois molettes de gueules.*

324. Fontainebleau, 25 août 1712. Lettres de relief pour CLAIRE-ANTOINETTE DE COLOMBET, fille de René de Colombet, écuyer, seigneur de la Borde et de Nicole de Cussigny, qui avait dérogé par son mariage avec Pierre Boillot, fils de Charles Boillot, avocat au parlement. (R. P. 20 janvier 1713.) Production du jugement de maintenue obtenu en 1669 par le père de la requérante. Armes de Colombet : *De gueules, au sautoir d'or, accompagné de quatre coquilles d'argent.*

325. Marly, novembre 1712. Lettres de confirmation pour GUILLAUME DE QUINSON, chevalier de Saint-Louis, capitaine de cavalerie, et ses trois cousins-germains, savoir : FRANÇOIS, capitaine de cavalerie dans le régiment de Noailles — duc ; JEAN-FRANÇOIS, chevalier de Saint-Louis, lieutenant-colonel du régiment de cavalerie de Saint-Blimont et PIERRE-JOSEPH, major du même régiment, qui servaient tous quatre depuis environ trente ans, et étaient issus d'une famille ancienne — à laquelle appartenaient N. de Quinson, lieutenant-général, et Jean-François, capitaine de cavalerie, lieutenant au gouvernement de Vienne, chefs de deux branches différentes, — mais qui avait perdu ses titres et papiers. (R. P. 12 décembre 1713.) Armes suivant enregistrement de 1712 : *D'hermine plein.* Voy. n° 154.

326. Versailles, janvier 1714. Lettres de noblesse pour ANTOINE-CHRISTOPHE DUNANT, bailly de Locarne, WOLFGAND et JEAN-JACQUES DUNANT, frères, tous trois du grand conseil de Soleure. (R. P. 6 août 1714.)

LOUIS XV

(1715-1774)

327. Paris, 15 décembre 1716. Lettres de réhabilitation pour MARIE-ANNE DE DRUAIS, qui avait dérogé par son mariage avec Charles de Chaury de Rivoire, président au présidial de Bourg. (R. P.

2 mai 1718 sur lettres de surannation.) Production des jugements de maintenue obtenus en 1699 et 1667 par l'oncle de la requérante et par son père Claude-Marie de Druais, baron de Beost et seigneur de Franclieu. Voy. n° 159.

328. Paris, 27 août 1718. Lettres de relief pour ANNE RICHARD, issue d'une famille noble depuis 1561, et fille de Pierre Richard, écuyer, sieur de Grandmont, avocat à la cour, et de Jeanne Segaud. Elle avait dérogé par son mariage avec Lazare Genot, bourgeois à Nolay. (R. P. 9 janvier 1719.) Production du jugement de maintenue rendu en 1697 au profit de Philibert Richard, frère de la requérante. Voy. n° 125.

329. Paris, septembre 1719. Lettres de reconnaissance de noblesse pour GABRIEL DÉODATI, de Genève, arrière-petit-fils de Pompée Déodati qui était originaire de la ville de Lucques, d'une famille des plus nobles et des plus anciennes de cette république, à laquelle elle avait fourni des sénateurs et des gonfaloniers, ayant eu en outre des chevaliers de Malte et ayant contracté des alliances avec des familles nobles tant dans cette république que dans celle de Genève où elle était établie depuis 1576. Gabriel Déodati avait eu besoin de lettres de reconnaissance pour pouvoir posséder franchement des biens qu'il avait acquis au pays de Gex. (R. P. 18, — C. 20 décembre 1719.) Armes : *Parti : au 1er, de gueules, au lion d'or ; au 2e, fascé d'or et de gueules*. Cimier : *Le lion issant*. Devise : DEUS DEDIT.

330. Paris, mars 1720. Lettres de noblesse pour JULES SEGUENOT, chevalier de Saint-Louis, capitaine de grenadiers au régiment d'infanterie d'Auxerrois, en récompense de ses services militaires longuement énumérés, et en considération de ceux de son père et de son frère, avocats généraux à la chambre des comptes de Dijon pendant plus de soixante ans. (R. P. 1 avril 1721.) Règlement d'armoiries du 15 octobre 1720 : *De sable, à trois taus ou croix de Saint-Antoine d'argent*.

331. Paris, août 1720. Lettres de noblesse pour EDOUARD BOULON, chevalier de Saint-Louis, major du régiment d'infanterie Dauphin, issu d'une des familles les plus anciennes, les plus considérées et les mieux alliées d'Autun, en récompense de ses services depuis 1685. Edouard Boulon, plusieurs fois blessé, et fait prisonnier de guerre en 1706, avait assisté à un grand nombre de siéges, tels que ceux de

Frankendal, Furnes, Namur, Mons, Nice, Turin, etc., aux batailles de Steinkerque et d'Hochsted, etc. (R. P. 22, — C. 26 novembre 1720.) Règlement d'armoiries du 24 août 1720 : *D'azur, à la fasce ondée d'or, chargée d'une étoile de gueules.*

332. Paris, 19 février 1722. Lettres patentes sur arrêt du conseil pour Jacques Berbis, ancien capitaine aux régiments Dauphin et Catinat, et Jean Berbis, écuyer, frères, qui les maintiennent dans leur ancienne noblesse, et les relèvent de la dérogeance commise par leurs père et ayeul, qui avaient été imposés à la taille, en leur rendant commun l'arrêt de maintenue rendu en 1716 par le conseil d'État en faveur de Guillaume Berbis des Maillys, Edme Berbis des Maillys frères, et Pierre-Gabriel des Maillys, leur neveu, cousins des exposants, comme issus de Bénigne Berbis, leur bisayeul commun, contrôleur au grenier à sel de Beaune, et descendu de Pierre Berbis, leur septième ayeul, anobli en 1435 par le duc de Bourgogne (R. P. 20 août 1722). Longs détails généalogiques. Voy. nos 53, 165 et 333.

333. Paris, 19 février 1722. Lettres de maintenue de noblesse sur arrêt du conseil pour Louis Berbis, avocat en parlement, Nicolas Berbis, prêtre et curé de Saint-Cosme, Bénigne Berbis, chanoine de la collégiale de Beaune, et Anne Berbis, veuve de Joseph Loppin, bourgeois de Beaune, cousin germain de Jacques et Jean Berbis inscrits au numéro précédent, ayant pour ayeul commun Claude Berbis, bourgeois de Beaune (R. P. 20 août 1722). Voyez nos 53, 165 et 332.

334. Versailles, août 1722. Lettres de reconnaissance de noblesse pour David de Vasserot, sieur de la Batie, citoyen de Genève, qui avait été décoré du titre et dignité de noble et baron par le roi de Prusse en vertu de lettres patentes du 29 mai 1713 (R. P. 6 mars 1788). Cet enregistrement fut opéré en suite de la lettre de surannation obtenue par Jean-François de Vasserot, seigneur de Vincy et de la Batie, François-Auguste-Maurice de Vasserot, capitaine-factionnaire au régiment suisse de Lullin de Châteauvieux, et Albert-Marc-Isaac de Vasserot, capitaine-commandant au régiment de Schomberg-dragons, petits-fils de David de Vasserot. Armes : *D'azur, au chevron d'or, accompagné de trois coquilles de même ; au chef d'argent, chargé d'une aigle de Prusse, issante.* Cimier : *l'aigle issante.*

335. Versailles, 9 mars 1723. Lettres de réhabilitation pour Toussaine de Chappet, qui avait dérogé par son mariage avec Jacques Coutier, vivant apothicaire à Viteaux (R. P. 12 août 1723). Présentation d'un arrêt de franc-fief obtenu en 1660 par Charles Chappet, père de la requérante et d'un renvoi de noblesse en 1669 pour Pierre et Charles Chapet.

336. Versailles, mai 1723. Lettres de noblesse pour Claude-Charles de Reydellet, sieur de Chavagnac, chevalier de Saint-Louis, l'un des brigadiers de la compagnie des chevau-légers de la garde ordinaire du roi, en récompense de ses services depuis 1692. Il s'était trouvé à un grand nombre de siéges et de batailles, entre autres à celle de Malplaquet, où il reçut quatre blessures dangereuses. Les lettres ajoutent que sa famille était ancienne dans le Bugey et que ses membres avaient toujours vécu noblement, entre autres son ayeul qui avait servi dans la compagnie des chevau-légers de la garde du roi Louis XIII (R. P. 28 juillet 1723). Reg. d'armoiries du 19 mai 1723 : *D'azur, au lion d'argent, et une fasce de gueules posée sur le tout et chargée de deux étoiles d'or.* Voy. n° 174.

337. Versailles, 21 août 1723. Lettres de relief pour Françoise Villain, veuve de Jean Loppin, receveur des consignations du baillage de Beaune, laquelle avait dérogé par mariage, étant fille de Pierre Villain, décédé revêtu de l'office de secrétaire du roi près la cour des comptes de Dôle et ancien maire de Beaune. Armes : *D'azur, à un poisson d'argent, appelé vilain, posé en fasce, accompagné de trois étoiles de même.*

338. Versailles, 26 juillet 1732. Lettres de relief pour Anne de la Fage, qui avait dérogé par son mariage avec Thomas Dubary, étant veuve en premières noces de François Martiny, gentilhomme, sénateur de la république de Lucques (R. P. 17 juillet 1744, en suite de lettres de surannation). Preuves de la filiation de la requérante depuis son ayeul, Jacques de La Fage, seigneur de Clermont en Languedoc, capitaine au régiment de la Motte-Houdancourt, maintenu en 1667 par l'intendant de Bourgogne. Armes de la Fage : *D'azur, au lion d'argent, armé et lampassé de gueules.*

339. Versailles, 2 décembre 1736. Lettres de relief de noblesse pour Edouarde de Bougars, demeurant à Toulon-sur-Arroux, fille de François de Bougars, écuyer, sieur de Migny, gendarme

de la garde du roi et capitaine d'une compagnie au régiment de cavalerie d'Anlezy, laquelle avait dérogé par son mariage avec Louis Regnardet (R. P. 17 avril 1739). Filiation établie depuis Jean de Bougars, écuyer, bisaïeul de l'exposante, dont le fils Adrien de Bougars se maria en 1646 avec Anne de Verville.

340. Versailles, janvier 1737. Lettres et maintenue de noblesse pour Charles Boyveau, seigneur de Praslon, chevalier de Saint-Louis et commandant à Colmar, qui avait servi avec distinction depuis 1671 et que son mérite avait fait choisir pour commander la ville de Colmar, poste important où son zèle et sa prudence avaient tellement justifié le choix du roi que, pour le décorer davantage, il reçut des lettres patentes pour exercer la charge de chevalier d'honneur au conseil souverain d'Alsace. Charles Boyveau, fils d'un lieutenant aux bailliage et chancellerie de Montcenis, nommé conseiller d'État en 1657, avait trois frères, tous trois morts au service, dont l'un était grand'croix de l'ordre de Saint-Louis et gouverneur des Invalides, et deux fils qui se distinguaient à son exemple par leur conduite et leurs sentiments. Il était d'ailleurs issu d'une famille réputée noble, mais que le défaut de titres mettait dans l'impossibilité de justifier de sa noblesse (R. P. 2. — C. 9 mars 1737). Règlement d'armoiries du 28 janvier 1737 : *D'azur, à trois têtes de bœuf d'or posées de front.*

341. Versailles, juin 1737. Lettres de noblesse pour Étienne Minard, premier capitaine au régiment d'infanterie de Forest, en récompense de ses services militaires depuis 32 ans, s'étant distingué principalement aux batailles de Calcinato et à Castiglione, aux sièges de Toulon, de Girone et de Novarre et à la bataille de Parme. On lit dans ces lettres qu'Étienne Minard était issu d'une ancienne famille du bailliage d'Avallon vivant noblement et que son père, Georges, fils et petit-fils d'officiers de la maison du roi, avait servi en qualité de lieutenant au régiment d'infanterie d'Orléans, qu'il avait eu trois frères morts au service, l'un lieutenant-colonel du régiment d'infanterie de Forest, les deux autres capitaines dans Normandie et Poitou et un grand oncle qui avait acquis la noblesse pour sa branche, mais ne laissait que des filles dont l'une avait épousé Étienne Minard (R. P. 6, — C. 8 août 1737). Armes figurées au registre : *D'argent au pont à trois arches de gueules, maçonné*

de sable et accompagné de six mouchetures d'hermine, trois en chef et trois en pointe.

342. Versailles, septembre 1737. Lettres de noblesse pour Antoine Esmonin, commissaire provincial d'artillerie au département de Bourgogne et chevalier de Saint-Louis, qui s'était distingué dès sa jeunesse comme officier pointeur au siége d'Ath, où son père, commissaire provincial d'artillerie, périt sous ses yeux, puis à Landau, où il reçut un coup de feu, aux siéges de Khel, de Trarback et de Philipsbourg. On lit dans ces lettres qu'Antoine Esmonin était issu d'une famille connue par sa bravoure et son dévouement à la défense de l'État; que François Esmonin, son ayeul, était commissaire ordinaire d'artillerie, que son père, commissaire provincial, se trouva aux siéges de Luxembourg, Philipsbourg, Manheim, Frankendal, Namur, Huy et Charleroi, et aux batailles de Steinkerque et de Nerwinde. On cite encore : ses deux frères, l'aîné mort en Flandre, lieutenant au régiment du Plessis-Bellièvre, l'autre commissaire d'artillerie, tué d'un coup de canon au siége de Mons en 1691; ses oncles, Hubert et François, aussi commissaires d'artillerie, et Nicolas, ingénieur en chef, mort d'une blessure au siége de Roses : son ayeul maternel, Hugues Picard, major du régiment d'Uxelles; Jean Picard de Montchenu[1], son oncle, capitaine-lieutenant de la colonelle de ce régiment, Jean Simonnot, frère de son aïeule maternelle, capitaine d'une compagnie de cent hommes d'armes et major d'Auxonne, et enfin son fils Antoine Esmonin, commissaire d'artillerie, blessé d'un coup de feu au siége de Philipsbourg (R. P. 28 novembre, — C. 2 décembre 1737). Armes : *Tiercé en fasce, au 1 de sable, à trois merlettes d'or; au 2 d'or plein; au 3 d'azur, à trois fers de lance d'argent.* — Antoine Esmonin devint général d'artillerie. Son petit-fils, conseiller au parlement, puis président au parlement Maupeou, ne laissa que deux filles mariée l'une à M. de Vilette, l'autre à M. Legouz de Saint-Seine.

343. Compiègne, 3 août 1740. Lettres de relief de noblesse pour Catherine Humbelot de Villiers, fille de Claude Humbelot, sieur de Villiers, et arrière-petite-fille de Jean Humbelot, conseiller, secré-

[1] Françoise Picard, sœur de Jean, épousa Charles Lardillon, dont le petit-fils Denis-Prudent Lardillon, secrétaire du roi et conseiller-correcteur à la Chambre des comptes de Bourgogne, eut, entre autres enfants, une fille mariée en 1783 à Louis-Charles Maulbon d'Arbaumont, qui devint trésorier de France à Dijon, en cette même année.

taire audiencier en la chancellerie de la cour des comptes de Dôle, honoraire en 1649, laquelle avait dérogé par son mariage avec Simon Chifflot, sieur de Vergoncey (R. P. 3 février 1741). Armes : *D'argent, à trois pals de gueules; au chef cousu d'or, chargé de trois coquilles de sable*. Famille originaire d'Autun.

344. Versailles, 27 septembre 1742. Lettres de relief de noblesse pour ANNE-CLAUDE GUILLAUME, veuve de François-Augustin Potot, prévôt des maréchaux et vice-bailli au département d'Auxois, laquelle, issue de famille noble, avait dérogé par mariage (R. P. 14 août 1743). Armes : *D'azur, à la croix pattée alaisée d'or, embrassée dans deux palmes de même*. Famille qui a fourni des lieutenants-généraux d'épée au bailliage d'Avallon, et remonte à Pierre Guillaume, maire de Dijon, dont le fils fut secrétaire du roi, vétéran en 1665.

345. Versailles, 6 décembre 1743. Lettres patentes sur arrêt du conseil, qui rendent communes à PHILIBERT DU PUY les lettres de réhabilitation accordées en 1692 à Jean et Philibert du Puy ses oncles paternels, et le relèvent de la dérogeance commise par Jean du Puy, son bisaïeul (R. P. 4 février 1744). Voy. n° 302.

346. Versailles, 15 décembre 1747. Lettres de maintenue et confirmation de noblesse, sur arrêt du conseil pour GUILLAUME-LÉONARD GUILLIER, seigneur de Serigny, chevalier de Saint-Louis, ancien capitaine au régiment Royal-Comtois et CLAUDE GUILLIER de la Motte, son frère, capitaine dans le même régiment, fils de Pierre-Armand Guillier, seigneur de la Motte, lieutenant-colonel du même régiment, brigadier des armées du roi, chevalier de Saint-Louis et lieutenant de roi des ville et château d'Auxonne, et de Louise-Marie de Thomassin, issue d'une maison illustre de la province de Bourgogne, alliée à la maison de Vergy, fille d'Antoine Thomassin, seigneur de Serigny, brigadier des armées du roi. La filiation des exposants est établie depuis noble Anatole Guillier leur quatrième ayeul (R. P. 3, — C. 10 juillet 1748). Armes : *D'azur, à la bande dentelée d'argent*.

347. Versailles, 23 juillet 1750. Arrêt du conseil et lettres patentes en conséquence, portant maintenue de noblesse pour JEAN-BAPTISTE MAC-MAHON, natif de Limerick en Irlande, au vu d'une carte généalogique délivrée à son oncle Maurice Mac-Mahon, che-

valier de l'ordre du Christ, major de cavalerie de la garde du roi de Portugal, par le juge d'armes de Dublin et constatant que le septième aïeul de Maurice, Terence Mac-Mahon, prince de Cloindirala, avait été inhumé au monastère de Hashelin et que ses ancêtres avaient pris alliance dans les meilleures familles d'Irlande (R. P. 6, — C. 10 juillet 1753 sur lettres de surannation). Armes : *D'argent, à trois lions léopardés de gueules, armés et lampassés d'azur, la tête contournée, et posés l'un sur l'autre*. Famille du maréchal, duc de Magenta.

348. Versailles, 22 janvier 1751. Arrêt du conseil et lettres patentes en conséquence, qui exceptent PIERRE DURANT, seigneur du Meix, chevalier de Saint-Louis, porte-étendard des gendarmes de la garde du roi, de la rigueur de l'édit de 1715 en suite duquel il se trouvait déchu du privilége de noblesse acquis à son aïeul, Pierre Durant, subdélégué de l'intendant de Bourgogne, à Is-sur-Tille, décédé revêtu de l'office de secrétaire du roi près la cour des comptes de Dôle, qui lui aurait conféré la noblesse héréditaire sans la révocation résultant dudit édit. On lit dans ces lettres que Pierre Durant était issu d'une ancienne famille noble de la ville d'Anduze, avec laquelle ses ancêtres avaient perdu toutes relations lors de leur établissement en Bourgogne, que d'ailleurs il s'était rendu recommandable par ses services que continuait son fils unique, Jacques Durant qui, reçu dans la même compagnie de gendarmes, avec le titre de capitaine, avait fait les campagnes de 1743, 1744, 1745, 1747 et 1748 (R. C. 30 mars 1751). Armes : *D'argent, au chevron de gueules, accompagné de trois coquilles d'azur.*

349. Versailles, septembre 1753. Lettres de noblesse pour PIERRE PERCHET, natif de Selongey en Bourgogne, maître en chirurgie de la ville de Paris et premier chirurgien de Don Carlos, roi de Naples et des Deux-Siciles, qui s'était distingué en Provence lors de la peste de 1720 et depuis dans les hôpitaux de l'Hôtel-Dieu et de la Charité des hommes à Paris, avant d'entrer au service de Don Carlos (R. P. 5 décembre 1753, — C. 5 janvier 1754). Règlement d'armoiries du 13 septembre 1753 : *D'azur, à deux perches au naturel, posées l'une au-dessus de l'autre en fasce, et une rivière d'argent ondée de sinople mouvante de la pointe de l'écu.*

350. Versailles, 16 juin 1756. Lettres de maintenue pour PIERRE THOMASSIN, maire perpétuel de la ville d'Arc-en-Barrois, PIERRE-

Nicolas Thomassin de Ricey, lieutenant au régiment de Bourgogne, puis de Brancas-cavalerie, blessé près du roi à la bataille de Fontenoy, Joseph-Bernard Thomassin de Juilly, Jean-Baptiste-Bernard Thomassin de Mercé, Louis Thomassin de Montbel, ces trois derniers gardes-du-corps du roi, en laquelle qualité ils avaient fait la campagne de 1743, et Jeanne Thomassin. Ils étaient issus de la maison de Thomassin, du comté de Bourgogne, dont la noblesse, très-connue, était décorée du titre de baron dès 1300 et qui portait pour armes : *D'azur, à deux estocs ou bâtons noueux d'or mis en croix*. Leurs ancêtres, dépouillés de leurs biens, lors des guerres du comté de Bourgogne, étaient venus s'établir au duché, ce qui empêchait les exposants de présenter des titres pouvant soutenir un examen rigoureux, quoique leurs auteurs, qui avaient cessé de prendre la qualification de nobles, n'eussent commis aucun acte de dérogeance (R. P. 25, — C. 27 avril 1757).

351. Versailles, février 1761. Lettres de noblesse pour Charles-Robert Cromot, issu d'une famille ancienne d'Avallon, qui avait toujours vécu noblement. Ces lettres constatent les services de Charles-Robert comme cadet, puis enseigne au régiment d'Auxerrois, enfin capitaine dans Tavannes, de ceux de son oncle, capitaine de grenadiers au régiment de la Vieille-Marine, qui mourut d'un coup de feu au siége de Barcelonne après quarante ans de services et tout couvert de blessures ; ceux de son beau-père, N. Seguenot, blessé de dix-huit coups de feu et fait prisonnier à la bataille de Hochstedt et de son fils, auquel la charge de contrôleur du marc d'or avait déjà conféré la noblesse, également acquise aux branches cadettes de la famille par des charges honorables (R. P. 2, — C. 10 avril 1761). Règlement d'armoiries du 2 mars 1761 : *D'azur, au sautoir d'or engrêlé, accompagné de quatre clefs d'argent, les pennetons en haut.*

352. Marly, 15 juin 1761. Lettres de relief de noblesse pour Anne Canat, qui avait dérogé par son mariage avec François-Étienne Lory, avocat au parlement de Bourgogne, et était fille de Jean Canat, anobli par une charge de secrétaire du roi près le parlement de Besançon dont il avait obtenu des lettres d'honneur en 1740 (R. P. 20 juillet 1761). Armes : *D'azur, semé de croissants d'argent.*

353. Compiègne, 7 août 1765. Lettres de relief de noblesse pour

Claudine-Catherine de Thibault de Noblet, fille de Joseph-Philibert, marquis Despres et d'Henriette-Brigitte de Martel, veuve en premières noces de Georges-Melchior de Champis, comte de Cicy, et en secondes noces de Thomas Mounier de Boisfranc, sieur des Hauts, ancien garde-du-corps du roi qui, quoique de bonne famille, était d'origine roturière (R. P. 27 février 1768). Thibault de Noblet porte : *Ecartelé aux 1 et 4 d'argent, au chevron d'azur, et au chef de même ; aux 2 et 3 d'azur, au sautoir alaisé d'or.*

354. Versailles, juin 1766. Lettres de reconnaissance de noblesse pour Jacques Shéridan, Michel Shéridan, mestre de camp de cavalerie, et Jean Shéridan, frères, d'une ancienne famille noble d'Irlande, étant issus en ligne directe de O Shéridan, second fils de O Connor Sligre, qualifié *Princeps comitatus Sligensis* et de Marie, fille d'O Reily dit *Princeps comitatus Cavanensis* qui vivaient au XIIIe siècle. On remarque au onzième degré de descendance Denis O Shéridan, qui eut deux fils : Thomas, chevalier étroit du conseil privé de Charles II, puis secrétaire d'Etat et premier secrétaire de la trésorerie de Jacques II, avec qui il passa en France, et Jacques, aïeul des exposants (R. P. 21 juillet 1766, — C. 28 janvier 1767).

355. Versailles, février 1767. Lettres de noblesse pour Louis-Gaspard Fabry, subdélégué de l'intendance de Bourgogne à Gex, qui s'était distingué dans plusieurs commissions importantes et négociations avec la république de Genève et le canton de Berne, étant d'ailleurs issu d'une des meilleures familles du pays de Gex et jouissant par sa charge dans laquelle il avait succédé à son père, de tous les privilèges attachés à l'état de noble (R. P. 30 avril, — C. 4 mai 1767). Règlement d'armoiries du 23 mars 1767 : *D'argent, au lion d'azur, accompagné de trois étoiles de gueules.*

356. Versailles, 30 novembre 1768. Lettres de réhabilitation pour Jacques-Philippe-Hyacinthe Bernard de Pelagey (R. P. 16 décembre 1768). Bernard de Pelagey et Bernard de Dompsure portent : *D'azur, au chevron d'or, accompagné en chef de deux étoiles d'argent, et en pointe d'un croissant de même.*

357. Versailles, janvier 1769. Lettres de noblesse pour Claude-François Passerat de la Chapelle, médecin en chef des troupes du roi dans l'île de Corse. Ces lettres constatent que Claude-François était issu d'une ancienne famille du Bugey dont plusieurs branches

jouissaient déjà de la noblesse. Elles font mention des services qu'il avait rendus en diverses circonstances et de son zèle qui l'avait porté à altérer sa santé et sa fortune pour arrêter une épidémie cruelle qui sévissait dans la province et à écrire plusieurs ouvrages utiles qui avaient excité plusieurs académies à le recevoir parmi elles (R. P. 19, — C. 21 juin 1769). Règlement d'armoiries du 23 février 1769 : *D'azur, à la fasce d'or, chargée d'un lion passant de gueules, et accompagnée en pointe de deux vols aussi d'or.* Voyez n° 215.

358. Versailles, janvier 1771. Lettres de reconnaissance de noblesse pour André Gallatin, ancien premier syndic de la république de Genève, Jean-Louis Gallatin, premier lieutenant au régiment des gardes-suisses, Abraham Gallatin, trésorier de la chambre des blés de Genève et Jean Gallatin, capitaine au régiment d'Ienner, tous issus de différentes branches d'une ancienne famille noble établie à Genève depuis 300 ans et ayant pour souche commune Jean Gallatin, connu par des lettres patentes du duc de Savoie du 18 juillet 1455, et qui possédait différents fiefs en Michaille, pays du Bugey. Longs détails généalogiques (R. P. 30 avril, — C. 31 mai 1771).

359. Versailles, décembre 1771. Lettres de noblesse pour Edme Guillemier, chevalier de Saint-Louis, exempt et sous-aide major dans la compagnie écossaise des gardes-du-corps, en récompense du zèle, de la valeur et de l'attachement qu'il avait fait paraître depuis vingt-neuf ans dans les armées du roi à l'exemple de ses plus proches parents (R. P. 11, — C. 12 février 1774 sur lettres de surannation). Armes figurées au registre : *De sable, au chevron d'or, accompagné de trois petits fruits d'or soutenus et feuillés de même.*

360. Fontainebleau, 22 octobre 1772. Lettres portant conservation du privilége de noblesse héréditaire pour Louis Butard des Montots, ancien conseiller au parlement de Bourgogne dont la charge avait été supprimée par l'édit d'octobre 1771, pour jouir pour lui et ses descendants de ce privilége, de même que si son père avait rempli avant lui un semblable office et en eût obtenu des lettres d'honneur ou en fût décédé revêtu, en considération de ses services pendant trente-six ans dans sa charge et de ceux de son père,

comme maire de Seurre et élu du tiers-état de la province de Bourgogne (R. P. 9 janvier 1773). Armes : *D'argent, à l'aigle de sable.*

361. Versailles, juin 1773. Lettres de noblesse pour Pierre Jobard qui, après avoir été pourvu pendant plus de vingt ans de l'office de payeur des gages du parlement de Dijon, charge qui conférait la noblesse au second degré, avait acquis celle d'auditeur à la chambre des comptes de Dôle et était sur le point de s'y faire pourvoir et de jouir ainsi de la noblesse au premier degré, lorsque la chambre des comptes de Dôle fut supprimée par l'édit de 1771, événement que l'exposant n'avait pu prévoir ni empêcher et sans lequel il aurait joui sans difficulté de tous les avantages de la noblesse dont les autres titulaires de semblables offices avaient obtenu la conservation. On lit en outre dans ces lettres que les pères de l'exposant avaient rempli des états honorables et fait des mariages qui les avaient rapprochés de l'ordre de la noblesse, que deux de ses oncles, l'un capitaine, l'autre lieutenant au régiment de la Vieille-Marine, avaient été tués à Malplaquet, et qu'enfin ses deux fils servaient, l'un comme gendarme de la garde, l'autre comme ingénieur ordinaire (R. P. 1er juillet,— C. 3 juillet 1773). Règlement d'armoiries du 22 juin 1773 : *D'azur, à une bande d'argent, chargée de trois roses de gueules, et accompagnée en chef d'une étoile d'argent et en pointe d'un cygne de même.*

LOUIS XVI

(1774-1791)

362. Versailles, janvier 1775. Lettres de noblesse pour Thomas Dumorey, ingénieur ordinaire du roi et en chef des États de Bourgogne, qui, entré au service comme lieutenant dans Berry-cavalerie, passa dans le corps des ingénieurs et fut employé dans les armées de Flandre, Allemagne et Italie, aux siéges de Menin, Furnes, Ypres, Fribourg, où il fut dangereusement blessé, Tournay, Mons, et à la défense de Gênes, aux batailles de Fontenoy et de Raucoux, puis forcé de quitter le service après la mort de son père, pour soigner ses frères et sœurs, avait été nommé ingénieur en chef des

États de Bourgogne, charge dans laquelle il s'était distingué, et avait remporté le prix pour son projet de canal proposé en Bourgogne, pour la jonction des deux mers. On ajoute que sa famille vivait noblement depuis longtemps, que son bisaïeul et son aïeul avaient été architectes de la province de Languedoc, que celui-ci avait concouru à la formation du projet du canal de cette province, et que son père avait été pendant trente-un ans au service des ponts-et-chaussées de Bourgogne (R. P. 16 mars, — C. 10 mai 1775). Règlement d'armoiries du 4 mars 1775 : *D'azur, à une mouche d'or appelée taon, posée en pal.*

363. Versailles, 26 septembre 1777. Arrêt du conseil et lettres patentes portant reconnaissance de noblesse pour Pierre Pictet de Sergy, colonel d'infanterie, chevalier du Mérite militaire, issu d'une famille depuis longtemps attachée au service de la France, mais originaire de Genève, où ses ancêtres, pendant près de trois siècles, avaient exercé les premiers emplois de la république, depuis Amé Pictet, qui vivait au commencement du xvie siècle et était déjà réputé noble d'origine et d'ancienne extraction. Longs détails généalogiques (R. P. 21, — C. 28 juillet 1778). Armes : *De sinople, à un mur non crénelé d'argent, maçonné de sable, accompagné en chef d'un lion naissant d'or, mouvant du mur.*

364. Versailles, juillet 1778. Lettres de noblesse pour Louis-Dominique Vincent, avocat en parlement et premier syndic général honoraire du tiers-état de la province de Bresse, en récompense de ses services dans plusieurs charges dont il avait été pourvu et dans diverses négociations dont il s'était acquitté avec honneur. Ces considérations engagèrent le roi à lui conférer la noblesse dont les priviléges lui étaient déjà acquis à cause de sa charge ainsi qu'à ses deux fils, l'un conseiller au présidial de Bourg, et l'autre officier du corps royal du génie (R. P. 28 décembre, — C. 15 décembre 1778). Règlement d'armoiries du 19 août 1778 : *D'argent, à deux palmes de sinople passées en sautoir, et un chef d'azur, chargé d'une étoile d'argent.*

365. Versailles, juillet 1780. Lettres de noblesse pour David-Antoine Barbuot, docteur en médecine, résidant à Semur en Auxois, qui exerçait sa profession depuis quarante ans en Bourgogne et avait été chargé par les élus de la province et par les com-

missaires du roi du traitement de soixante épidémies meurtrières. Depuis six générations ses auteurs s'étaient livrés avec distinction à la médecine, tandis que d'autres branches de sa famille avaient été anoblies par charges (R. P. 7, — C. 9 décembre 1780). Règlement d'armoiries du 5 septembre 1780 : *De sinople, à une fasce d'argent, accompagnée de trois épis de blé d'or sortant d'une tige de même.*

366. Versailles, février 1781. Lettres de noblesse pour André de la Colonge, ancien capitaine au régiment de Bourbonnais, chevalier de Saint-Louis, issu de parents qui s'étaient dévoués à la profession des armes, pour le récompenser de ses services militaires dans plusieurs circonstances périlleuses et en considération de ceux de deux de ses frères, gardes-du-corps du roi, tués au service (R. P. 5, — C. 15 mai 1781). Règlement d'armoiries du 23 mars 1781 : *D'argent, au chevron de sable, chargé d'un croissant aussi d'argent entre deux étoiles de même.*

367. Versailles, mars 1781. Lettres de noblesse pour Nicolas-Charles-François Rousseau de Vermot, chevalier de Saint-Louis, premier capitaine commandant au régiment de la Sarre et Philibert Rousseau de Vermot, avocat au parlement, issu d'une famille originaire du Bourbonnais, qui prenait dès le commencement du xvie siècle des qualifications nobles. Leurs troisième et second aïeux avaient été officiers commensaux des reines Marie de Médicis et Anne d'Autriche; leur aïeul était de même attaché au service de Louis XIV ; enfin leur père était compris au rang des nobles dans l'élection de Château-Chinon, ce qui décida le roi à les élever réellement à la noblesse, que leur méritaient d'ailleurs les services rendus depuis vingt-huit ans dans les armées par Nicolas-Charles-François (R. P. — C. 14 mai 1781). Règlement d'armoiries du 4 avril 1781 : *D'azur, au chevron d'or, accompagné en chef de deux roseaux d'argent, tigés chacun de deux feuilles de sinople, et en pointe d'une grappe de raisin aussi d'argent.*

368. Marly, mai 1781. Lettres de noblesse pour Anthelme Balme de Sainte-Julie, lieutenant général au bailliage de Bugey, petit-fils d'André Balme, conseiller secrétaire du roi près le parlement de Metz, charge qu'il remplit pendant vingt-un ans et qui donnait la noblesse au second degré. André fut en outre lieutenant général au bailliage de Bugey et subdélégué de l'intendant; il s'acquitta de ses fonctions avec un zèle remarquable et décéda en 1721. Son fils An-

thelme exerça depuis les mêmes charges jusqu'en 1776, qu'il s'en démit en faveur de Charles-Marie Balme son fils. Ces considérations décidèrent le roi à conférer à Anthelme Balme de Sainte-Julie, la noblesse dont il eût joui déjà si son père eût été revêtu comme son aïeul d'une charge de secrétaire près le parlement de Metz (R. P. 29, — C. 30 mars 1784, après lettres de surannation). Règlement d'armoiries du 28 janvier 1784 : *Écartelé; aux* 1 *et* 4 *de gueules, au lion d'or, coupé d'azur, à une gerbe aussi d'or, liée de même; aux* 2 *et* 3 *de sable, à un rocher d'argent.* Voy. n° 305.

369. Versailles, mai 1782. Lettres de noblesse pour Jean-Marie Arnoult, ancien avocat au parlement de Dijon, doyen de l'université de cette ville et conseil des états de la province de Bourgogne. (Reg. au P. le 29 mars 1783, sur lettres accordées après sa mort, le 19 juillet 1782, à sa veuve, Anne Girod et à ses enfants, Jean-Baptiste Arnoult, contrôleur du trésorier de la maison du roi, Nicole, femme de N. Pancy et Théodorine Arnoult.) Reg. d'armoiries du 29 juillet 1782 : *D'azur, à un arc tendu d'argent mis en pal et accompagné de quatre flèches de même, deux de chaque côté, posées aussi en pal, l'une au-dessus de l'autre, la pointe en haut.*

370. La Muette, septembre 1782. Lettres de noblesse pour Claude Martène, maire de Saint-Jean de Lône, subdélégué de l'intendance de Dijon et élu général du tiers-état de la province de Bourgogne. Claude Martène, son bisaïeul, jouissait dès 1636 dans la ville de Saint-Jean de Lône d'une grande considération et de la confiance de ses concitoyens à la tête desquels il se mit pour repousser l'armée impériale commandée par Galas, ce qui lui valut l'honneur d'être présenté par le prince de Condé au roi Louis XIII, qui lui donna des lettres de noblesse qu'il négligea de faire enregistrer. Aux services de Claude Martène se joignirent ceux de plusieurs membres de sa famille, laquelle n'avait pas cessé de remplir à Saint-Jean de Lône et dans les places voisines, des charges importantes. Le capitaine Martène commandant du château de Lône pendant les troubles de la Ligue, périt en attaquant la ville de Seurre à la tête de soixante hommes. Etienne Martène servait dans les dernières guerres dans le régiment de Boulonnais et allait recevoir la récompense de son courage lorsqu'il fut tué dans une affaire où il avait donné des preuves de sa valeur. Enfin Claude Martène était le troisième maire de sa famille qui eût été nommé élu du tiers-état de Bourgo-

gne (R. P. 14, — C. 18 décembre 1782). Règlement d'armoiries du 15 octobre 1782 : *D'azur, à une épée d'argent posée en pal, la pointe en haut et ayant la poignée d'or, accompagnée en chef de deux étoiles aussi d'argent et en pointe d'un croissant de même*[1].

Supplément.

371. Peu avant 1440, lettres de noblesse pour HENRY VINCENT de Poligny, sans doute parent de Jean Vincent de Poligny, anobli en 1425. Voy. n° 37.

372. GUILLEMETTE CHISSERET, veuve de LOYS DE VISEN, conseiller et maître des comptes du duc, anoblie avec sa postérité par lettres datées de Bruges le 16 mars 1462[2].

373. N. GUYOT, docteur en médecine, anobli en 1626 par lettres enregistrées simplement à la mairie de Dijon.

[1] Claude Martène ou Martenne avait épousé Anne Pierre, sœur de Nicolas Pierre, trésorier de France à Dijon, dont la fille unique fut mariée à Jean-Nicolas Maulbon d'Arbaumont, contrôleur général des fermes, fils d'Henri Maulbon d'Arbaumont, aussi trésorier de France à Dijon.

[2] Ces deux derniers anoblissements ne nous sont révélés que par les comptes des receveurs chargés d'encaisser la finance. Les officiers chargés de cette recette ont été le receveur général de Bourgogne et le receveur du bailliage de Dijon, jusqu'en 1447; à partir de cette époque, le receveur particulier des deniers de l'épargne en Bourgogne.

ERRATUM.

N° 30, ligne 8, au lieu de : La descendance de Laurent, *lisez :* La descendance de Regnault.

N° 82, lignes 5 et 8, au lieu de : avocat général à la chambre des comptes, *lisez :* avocat fiscal au bailliage de Chalon sur Saone.

Angers, Imp. P. Lachèse, Belleuvre et Dolbeau.

www.ingramcontent.com/pod-product-compliance
Lightning Source LLC
Chambersburg PA
CBHW052045270326
41931CB00012B/2637